·当代名家论语丛书·
曹顺庆◎主编

金惠敏
论文化现象学

金惠敏◎著 李昕揆◎编

中国社会科学出版社

图书在版编目（CIP）数据

金惠敏论文化现象学/金惠敏著.—北京：中国社会科学出版社，2022.3

（当代名家论语丛书）

ISBN 978-7-5203-9291-4

Ⅰ.①金… Ⅱ.①金… Ⅲ.①文化—现象学—研究 Ⅳ.①G-0

中国版本图书馆 CIP 数据核字（2021）第 222013 号

出 版 人	赵剑英
责任编辑	孙　萍
责任校对	刘　娟
责任印制	王　超

出　　版	中国社会科学出版社
社　　址	北京鼓楼西大街甲 158 号
邮　　编	100720
网　　址	http://www.csspw.cn
发 行 部	010-84083685
门 市 部	010-84029450
经　　销	新华书店及其他书店

印刷装订	北京君升印刷有限公司
版　　次	2022 年 3 月第 1 版
印　　次	2022 年 3 月第 1 次印刷

开　　本	880×1230　1/32
印　　张	7.5
字　　数	151 千字
定　　价	48.00 元

凡购买中国社会科学出版社图书，如有质量问题请与本社营销中心联系调换
电话：010-84083683
版权所有　侵权必究

总　　序

　　学术的传承离不开"话语",中外皆然。所谓"话语"是指文化思维和言说的表述方式和言说规则,具体地存在于学者的著述之中。可以说,每位学者都有一套自己的话语,以此形成自身的研究特色,并不断产生新见,推动相关领域的发展。文脉道统之赓续的一个重要方面,就是这种话语言说的传承。自古迄今,东西方都有格言金句式的语录体和对话体经典。在中国,《论语》是比较纯粹的格言金句式的语录体,《孟子》《庄子》则进一步朝对话辩论体发展。以《论语》为例,若没有孔门弟子及再传弟子的记录,孔子与其弟子在言谈中形成的"仁""礼"等儒家话语就无法流传后世。与此相类,西方有《柏拉图对话录》,以记录对话的方式集中保存了苏格拉底和柏拉图的格言金句和哲理话语;也有《歌德谈话录》,是歌德研究不可绕过的经典文献;尼采、本雅明、麦克卢汉、波德里亚更是将此格言金句作为其理论运思和表达的主要方式。凡此种种，无不对人类的学术传承产生了重要影响。

我常说中国古典文论的特征之一是以少总多，三言两语却意蕴无穷。相比于博喻酿采、炜烨枝派的缛说繁辞，简言以达旨、文尽而意有余的表达在文论众家眼中拥有更高的格调。"谁言一点红，解寄无边春"，这就是格言金句的魅力。它言简意赅，总能在超越繁复说辞的简洁中发出耀眼的光芒，穿透厚重的历史，照亮当代，启迪人心。我认为，领悟无需话语多，精华一语胜千言。"金句"正因为"少"，才更容易被人们记住，也才拥有更为持久的生命力。

基于以上理念，我们编选了这套《当代名家论语丛书》，试图将每位学者的著述精华与格言金句集于一册，以期最大限度地凸显其价值。因为这套书是各位学者思想观点的摘录汇编，所以可为相关领域的研究者提供参考之便。但本丛书不完全是学术专著，在方便学界同人交流之余，我们更期待这些话语能和学术之外的广大读者相遇。高校不应当是封闭的象牙塔，学者不应当是与世隔绝的孤家寡人，知识也不应被局限在某个小圈子内部，我们尽量将繁冗的论述转变为精简直接的格言金句，呈现为鲜明易懂的观点，目的也在于此。我们并不认

总　序

为精密深邃的理论论述无关紧要，但是在面对大众的非学术语境下，精简论述也意味着减少与大众的隔阂和推进学术与人民的贴近。

本丛书首批书目包括《曹顺庆论中国话语》《赵毅衡论意义的形式》《金惠敏论文化现象学》《李怡论诗与史》《龚鹏程论中华文化》五种，它们集中了这些学者各自研究领域中的关键论题与思想闪光，一定程度上是他们步入学界至今的总结。以后还会有众多名家的论语著作在本丛书出版。当然，说学术"总结"并不完全准确，因为每册书所展现的，仅仅是该学者研究的一个侧面，而且，说"总结"也为时尚早，学术不断向前发展，学者们今后肯定还会精进不懈，新见迭出。取"当代名家论语丛书"之名，目的是思摹经典、祖述前贤，以语段摘录的形式论列学术论著之话语，展示管窥蠡测之见，希望能以这种形式提升思想观点的传播力度、扩展学术传播的范围，最终推动学术在学界内外的传承。

这套书的面世，少不了参与学者的积极配合，少不了选编者的耐心摘录，也少不了本丛书助手李甡的细致工作，少不了中国社会科学出版社的大力支持，谨向这些同人学友表示衷心感谢。至于丛书是否达到了我们预期的目的，还有待读者朋友的检验。既然是摘录，难免有些观点存在割裂之感，万望学界同人及读者谅解，疏漏之处，恳请指正。我们期待与学界诸君和广大读者交流，达成对话，因为对话是推动学术进步的真正有效方式。

曹顺庆

2022 年元旦于成都锦丽园寓所

自　　序

　　如果把能够写出一篇可被接受发表的论文作为进入学术阵地的标记，那么我的这个起点是 1980 年 4 月，当时研读西方美学史若有所悟，写出了关于黑格尔艺术目的论的一篇文章，这也是平生第一篇"学术"论文。若是如此计算的话，则本人从事学术研究的工龄已逾四十载矣。

　　"却顾所来径"，感慨由衷起。首先是庆幸自己赶上了一个特殊的时代。作为 20 世纪 60 年代生人，从小学到高中都是在"文革"中度过。在人生的成长阶段，被注入了红色文化的基因。记得小学语文课本的第一课就是"毛主席万岁"，对于毛主席他老人家，至今因仰视而不能直呼其名。高中课本有"延安文艺座谈会"讲话选读，至今仍可背诵。这大约就是所谓"童子功"的力量吧！"文革"结束后入大学读书，赶上思想解放和改革开放，又深受西方现代价值观念的影响，经受过心灵的震撼和洗礼。90年代，在现代性受到西方内部质疑的大背景下，接受后现代的影响，开始反思和批判现代性理论。进入21世纪，当全球化日渐成为我们身边的现实，中国开始作为大国而崛起于世界之时，尤其是国家交往愈深、冲突愈烈的新冠肺炎疫情大流行时期，无论现代性抑或后现代性视角都已不敷使用，于是找到了超越前二者的"星丛"或"间在"的"世界文学"理论。这一特殊的生命历程，使得自己在精神上成为一种矛盾综合体，矛盾而又综合：既是一个民族主义者①，又是一个世界主义者；不仅爱家爱国，而且爱世界爱人类；不仅爱人类爱世界，而且爱世间万物，从植物到动物，有爱无类，相信万物一体，虽然这种信念目前还不算怎么强烈，比不上那些激切和激进的同行，但也难保最终会走向老庄哲学，圣人不仁，无此无彼，无是无非。但我绝非虚无主义者，我还是把老庄当作"有人"而非"无人"的哲学的。

这一矛盾精神决定了我的课题或话题的选择和研究：先是现代性，接着是后现代性，最后是全球化，而具体对象则是无论中西、不拘今古，跨文化、跨学科。在我笔下，古老如孔子

---

① 所谓"虚无主义"，不是对"事实"或"历史"的"虚无"，而是对从前关于"事实"或"历史"之被普遍接受了的阐释的颠覆。虚无主义与反虚无主义之争是解释学之争。

自 序

者可以非常地后现代，遥远如柏拉图者亦可以很中国；哲学可以是文学，而文学也可以反过来成为哲学；外国文学可以本土化为中国文学，而中国文学亦可进入世界文学。因为，其一，人类思想总有某些方面未必相同、然却相通者；其二，学科的划分是为了更深入地发掘对象，而发掘愈深，则愈会发现不同领域之间的根连和互系；其三，文化是独特的，但文化也是现象学的，而成为现象，则必然意味着进入他人的意识，或者，进入世界。不同的时代、民族、思想、文化等是完全可以付诸对话的。我们知道，所谓"对话"，其前提就是对不同和异质的假定。不同和异质的对话，可称为"间在对话"：存"在"是对话之本，达成"间"性是对话之鹄的。

关于后现代在中国的问题，时人多有不察，与西方情境不同，中国学者常常是通过对后现代理论的阐释来为现代性开辟道路的，在学术上表现为将后现代性解读为一种进一步的或更彻底的现代性。再者，初时用后现代来批判现代性，其矛头所向是西方社会的"启蒙辩证法"，是资本主义发展的恶果，与中国的现实全然无关，因为在中国，现代性还是一个有待实现的美好蓝图。没有充分的、过分的现代性，何来后现代?！真正让我们感到后现代到来的时间，应该是在20世纪90年代以后，在市场经济携带和呈现出资本主义的元素以后。我们承认今日中国尚处在"社会主义初级阶段",如果此论不谬的话,那么这也就是含蓄地承认我们离开资本主义并不太远,或者说,资本主义仍然残留在我们新的社会形态里面。这里我们不去费力争辩资本主义在我们的身后还是前面了。我们想强调的是,只要有资本主义现代性的存在,后现代就不会是无病呻吟的漂浮能指。

四十年来,读了不少书,写了不少论文,也出了一些书,但其中究竟哪些在当时具有历史的贡献,哪些在未来还能对读者有所滋养,这是我本人不能估值和预料的,所以在接受本书编选的任务时,本来可以自己亲手来做,但最后还是决定向出版社推荐晚一辈的青年学者,他们的阅读和选取一定会比我本人更客观,重要的是,更能代表时代及其趣味。

李昕揆先生曾跟随我在中国社科院文学所攻读博士学位,接着在本院外文所又做了博士后,如今在中国人民大学教研有年,现在已是有所建树的青年学者了。非常感谢他能够克服困难,不辞辛苦,编成此书,让我本人读来也有新鲜感。当然本书的好坏还是要由社会大众来鉴定的,不单由他和我说了算。敝帚自珍,本书有什么价值不好说,但至少是四十年来中国文论和思想的一种记录,通过它是可以管窥一段历史的。这段历史是个人的,也是一代人的,但我更期待它还属于未来。私以

自 序

为，一方面要立足当下，另一方面还要以未来为期，否则就不是一个有抱负的学者了。书在某种意义上都是写给未来的。

是为序。

金惠敏

2021 年 6 月 29 日于北京西三旗

目录

全球对话主义 …………………………………（ 1 ）
差异即对话 …………………………………（ 19 ）
话语与日常生活 ……………………………（ 46 ）
没有文学的文学理论 ………………………（ 61 ）
文化自信与关系自我 ………………………（ 69 ）
社会美学和媒介美学 ………………………（ 89 ）
美学麦克卢汉 ………………………………（104）
现代性与后现代性 …………………………（120）
后儒学转向 …………………………………（148）
解释学 ………………………………………（156）
英国文化研究 ………………………………（165）
叔本华美学 …………………………………（178）
论美及其他 …………………………………（191）

征引文献 ……………………………………（210）

编后记 ………………………………………（222）

全球对话主义

【本组摘录以"全球对话主义"为题,主要包括作者围绕"全球对话主义"这一论题,对"地方间性""跨域""价值星丛""全球化""球域化""解域化""再域化""互域性""超域性"等范畴以及"全球化作为文化""全球化是一个哲学话语""全球化是对现代性与后现代性及其二元对立关系的扬弃"等命题的论述】

当今至少有三大问题在纠缠着我们:一是中国与西方的问题;二是人与自然的问题;三是天理与人欲的问题。第一个问题是中国与世界的问题,随着全球化过程的日益推进,我们应如何迎接全球化,如何与全球化相处,我提出了一个理论:全球对话主义。这是我在研究西方当代文化理论时感受到的一个结果。这个理论的基础是法国后结构主义,其思想源自索绪尔的语言学,认为语言符号所指的东西永远无法指向一个真实存在的东西,而只能是一个语词指向另外一个语词,一个概念指向另外一个概念,这就是说,语言永远是不及物的。用中国人的话讲,就是"言不尽意"。(2016-2-1,第1—2页)①

"全球化"是一种错觉,似乎在其中一切都被同质化、均质化了。全球化其实是一种交往、交流、对话,而一切交往都是胡塞尔所谓的"主体间性"的关系。"全球对话主义"涉及两个方面:一方面,既然要交往,就必然要寻找沟"通"性,有共同性在里面;另一方面,交往是在话语层面展开的,所能交往者,话语也。我自己的感受,与你对同一事物的感受,是无法交换的,能交换的是对感受的描述。对话是两个个体之间的对话,而两个个体之间的对话不是以纯粹话语形式存在的,个体既是一个话语主体,同时又是物质性的个体,是两个层面上的存在。物质性的存在是话语所不能达到的。我所谓的"对话主义",既讲共同性,又讲不可通约的个体,而由于后者的存在,共同性就不再是确定的、一劳永逸的,而是永远处在对话的过程中。"全球化"的普遍性向度,其实已经包含在"对话主义"之中了,在"对话主义"前面加上"全球"不过是为了强化一下这个方面。我的"跨域"(trans-local)一语就是"全球对话主义"的意思。我不是一味地反对普遍主义,

---

① 详参文末征引文献,下同,不再出注。

只是强调"普遍性"总是处在一个被协商的过程中。(2011-1-3,第5页)

文化研究已经从它的国内阶段发展到现在的国际阶段,因而也相应地提出了新的理论要求,换言之,国际文化研究应该有国际文化研究的理论纲领。如果以"文化帝国主义"论争为切入点,将文化研究分作"现代性"与"后现代性"两种模式,分别考察它们的长处和短处,就能得出超越这两种模式的第三种模式,即"全球性"文化研究模式,其灵魂是扬弃了现代性和后现代性哲学的"全球对话主义"哲学。(2011-1-1,第159页)

既然我们不能抹杀我们自己的主体性存在或者我们有理性的意识和行动,另外,我们又总是解释学地"辞不达意",总是无法认识论地完全支配我们的意图和预料我们的行为后果,那么一个超越或"扬弃"了现代性与后现代性及其对立的"全球化"就是合理而必然的结论。(2008-2,第8页)

全球化作为一种新的哲学,既坚持现代性的主体、理性、普遍、终极,同时也将这一切置于与他者、身体、特殊、过程的质疑之中。或者反过来说,全球化既不简单地认同现代性,也不那么地肯定后现代性,而是站在它们之间无穷无尽的矛盾、对抗之上,一个永不确定的链接之上。缺少其中任何一个维度,都不是"全球化",都将无法正确认识全球化这个新的

对象，以及发生在全球化时代的任何现象。（2011-1-1，第160页）

全球化将作为一个超越了现代性与后现代性之对立的新的哲学概念。它是现代性，也是后现代性，更重要的是，它同时就是这二者，以及这二者之间复杂的动态关系。（2011-1-1，第159页）

全球化既是现代性，又是后现代性，是对现代性与后现代性及其二元对立关系的扬弃。这里，现代性指全球化主体对于其立身之点的自信、固执和目标明确的推进，后现代性则是对主体身份的还原性解构，对其能够实现自身的怀疑。（2006-12-2，第244页）

全球化作为"全球对话主义"，既包含了现代性，也开放了后现代性，它是对二者的综合和超越。"全球化"是一种新的哲学，如果需要再给它一个名字的话，"全球对话主义"将是一个选择。（2011-1-1，第165页）

全球化包括了两个方面的述说：作为"现代性"的全球化与作为"后现代性"的全球化。换言之，"现代性"和"后现代性"是全球化作为一场历史运动的两个维度，只有在一个辩证的视野中它们才可能同时或统一地显现出来，否则便会引发无休无止的、无法调和的因而总是无谓的纷争。（2005-Z，第78页）

作为"他者"的对话参与者是"全球对话主义"的根本；"全球"不是对话的前提，甚至也不是目的，它是对话之可期待也无法期待的结果，因为，这样的"全球"以他者为根基，是"他者间性"之进入"主体间性"，是他者之间的主体间性的相互探险和协商，没有任何先于对话过程的可由某一方单独设计的前提；"他者"一旦进入对话，就已经不再是"绝对的他者"了，对话赋予"绝对的他者"以主体性的维度。（2013-Z，第20页）

权衡和比较季羡林文化民族主义和汤因比世界主义两种理论的圆缺得失，结合中国之进入全球化和在其中所扮演的愈益重要的角色，"全球对话主义"将是超越民族主义和世界主义的一个值得考虑的选项。（2018-3，第51页）

目前可以肯定的是，"全球对话主义"至少在解决例如"文化帝国主义"这样全球时代文化研究的重大问题时，将能够同时避免"大全"（"全域主义"）和"整体"（"球域化"）的"文化帝国主义"嫌疑，以及由于对受众能动性的强调而导致的对"文化帝国主义"的全然无视。或许可以期待在霍尔之后重新阐释"文化间性"，尤其是它在未来的种种新的可能性。（2011-1-1，第165页）

我的全球对话主义理论的现实指涉主要针对一个方面：中国有一种后殖民主义情结。中国有严重的后殖民主义情结，用概括

的话来说，就是坚信一种中西方的二元对立。(2015-1-1)

别了，中国文化复兴论，你属于旧时代！新时代需要新思维，即超越了中西二元对立思维、画地（自我）为牢的"全球对话主义"。自此以后，我们不要再轻言"中国"文化复兴或者本体论的中国文化特殊性等过于后殖民、狭隘、小我等论调，那不是强者的文化自信，今日中国的眼光是拥抱整个世界！真正的文化自信要为解决世界问题，乃至人类问题提供中国智慧和中国方案！(2019-2，第69页)

对于中国来说，我提出"全球对话主义"，主要面对中国当代思想文化界的一个症结，我把它归纳为"中国后殖民主义情结"。后殖民主义是西方舶来品，我们一直是把它当作一种知识，没有当作我们中国人自己的对于中国现代社会的一种体验。后殖民主义的根本特点是强调二元对立、强调自己的差异性。[……]我们一直讲特色，讲中国文化的独特性，这就出现了一个严重后果，我们拱手把普遍价值让给西方，我们自己则处于道德和文化的弱势、边缘，好像我们都是非常另类、东方闲情、东方异类。这是自我矮化！自毁门庭！自毁前程！今天我们必须采取一种新理论，也就是"全球对话主义"，要把我们的文化、我们的遗产转变为像古希腊、罗马那样能在当代社会发生作用的历史遗产，让它对我们这个时代说话。(2016-2-1，第2-3页)

我们一直在强调中华文化的特殊性，顽强地坚持中国特色，或貌似谦卑而实际上带着窃喜地谈论国际文化产品中的中国元素，这是一种典型的后殖民心态。(2019-8，第21页)

全球对话主义理论仍处在发展过程中，尚未形成一个完满的体系，但有三点已非常明朗：第一，对话存在两个层面，一是可以言说的话语层面，二是不可言说的实在层面，缺少任何一个层面都算不得真正意义上的对话；第二，在话语层面上的对话，不是共识以及达成共识的过程，而是对话者之间的一种动态链接和关系，其所以是动态的乃在于对话者本身的物质性存在，它永远在躁动着，在寻找合适的出口和表达；第三，差异不属于对话者的本体性存在，即是说，没有客观的差异，即便有客观性差异，那也无关紧要，紧要的是对差异的揭橥和声张，这种揭橥和声张使得差异总是表现为一种话语，并进入对话。可以说，差异即对话，为了更好地对话。(2016-4-3，第7页)

今日的全球化可以理解为现代性的扩张。在这一扩张过程中，它势必遭遇来自他者文化的抵抗。有意的现代性将带来一个无意的后现代性。[……]因而毋宁说，全球化是现代性与后现代性的双向互动。不存在一种绝对的主宰力量，全球化结果将不是单方面的"美国化"或"西方化"。全球化因而更是一种"球域化"，是全球性扩张和地方性迎对的交相作用。

(2005-12,第54—55页)

全球化,如果在纵的坐标上寻找,它是对传统的现代化;从横的坐标看,它是对非西方世界的西方化。前者涉及主体自身内部的问题,是"旧我"与"新我"的关系问题,后者则引入了一个陌异的"他者",是以形成了一个自我与他者的新的张力场。不是胡塞尔—哈贝马斯的"主体间性",不是彼此能够认出对方的"睹视",而是列维纳斯—德里达的主体与他者间之不可相互抽象的即熟视而无"睹"的"面对面"。(2006-12-2,第241—242页)

从表面看,全球化是文艺复兴以来现代资本主义或者市场经济的必然结果;往深层看,是现代性主体哲学的一个必然的社会操练;再往深处究,就是人性本身之使然,人与生俱来地躁动着越出自我的欲望。因而可以进一步说,有无资本主义或者帝国主义都会有全球化,所不同的只是以什么方式表现出全球化,也就是以什么方式表现出我们的欲望。(2002-5-1,第45页)

所谓"全球化"就是"解域化",就是"复杂联结";而"文化"则是那总与一定的地域性相关联的日常生活实践。全球化以其解域化而必然地重塑了文化体验所依赖的地方性,于是全球化就一定与文化相关,可以进一步说,全球化本身即是文化性的。(2008-1-1,第94页)

承认地域性的不可解除性,也就是承认了主体性与地域性的相始终。这是因为，地域性远不只是通常所以为的我们的立足点、我们的活动场地、我们的"身外之物"；地域性通过不断地与我们发生种种交换活动，最终将内化为我们最本己的存在。可以认为，地域性是我们的肉身性和主体性，是我们的文化身体和文化主体。一句话，地域性就是我们的文化本体论。（2008-1-1，第95页）

哪里有"解域化"，哪里就有"再域化"；而无论"解域化"或者"再域化"，其中都充满着各种力量的矛盾、斗争和相互施加影响的努力。全球化之作为文化性的实质恰在于不同文化之间所发生的这种种的关系，对抗性的或协商性的；更明白地说，全球化的文化性恰在于它的"文化间性"。（2007-5，第100页）

我对全球化的界定包括两方面：一是现代性；二是后现代性。从现代性方面看，全球化就是"帝国主义计划"，即从一种文化中心、经济中心、政治中心，例如西方或美国，将其思想价值观念、政治制度推向全球。而从后现代性看，全球化则是英国社会学家吉登斯所称的"一个失控的世界"，即当一个霸权想控制世界的时候，它无法达到它的目的，用"言意之辨"的说法是言不尽意，你想说什么，但你无法充分地表达。全球化超越了现代性和后现代性，是现代性和后现代性之后的第三个概念，也可称其为"全球性"。（2015-1-1）

为了避免将全球化理解为帝国化、殖民化，避免将其理解为单向的摧毁和重建，罗伯森造了一个术语"球域化"（glocalization），意在突出地方对全球的改造，或者反过来说，突出全球之不得不适应地方语境。全球并非所向披靡，地方亦并非不堪一击。这样说来，罗伯森仿佛是一个本土主义者，为第三世界发声，但仔细揣摩，该词仍然残留着帝国主义的霸权思维：究竟谁代表"全球"、谁代表"普遍性"呢？其全球显然是指那些跨越疆界的资本及其文化。（2019-8，第18页）

现在问题不是我们要不要全球化，而是它一直就在我己之内。全球化可能呈现为一个单向的主体化过程，一个整合他者的过程，但结果总是被演变成为主体间性的即主体与主体之间的辩证或对话的过程。（2002-5-1，第45页）

由于不将他者作为他者，殖民主义的或帝国主义的全球化就是单一性的全球化，其中只有时间而无空间，只有历史学而无地理学。[……]我们不想贬损殖民主义全球化表现于地理上的拓展，但这只是看得见的表面现象，在例如所谓"地理大发现"之背后隐藏着一个作为发现者的主体性意识以及一个消极的被发现者，即一个时间的领跑者和一个被时间所抛弃的落伍者。时间性是全球化的本质，是所有全球化之最内在的哲学依据。不过来自于他者顽强的反约简，其反文化化的物理性存在，其总是位处某一地理场所，赋予全球化与时间一维相

对抗的空间维度。(2006-12-2,第242页)

全球化如果不是仅在时间维度上的空洞推进,如果不是殖民味十足的"发现",那么它就还是与他者、空间和地理的"相遇"、"协商"、交往和对话,即反向的他者也在改变着主体,时间也在接受着空间的充实,历史也在成为地理的历史。(2006-12-2,第242页)

"全球化"不是主体间性的交互全球化,而是主体对他者的全球化,是现代认识论的全球化,是强势力量的全球化。(2005-Z,第86页)

"球域化"这个术语很尴尬,它既不能主张"全球",也不能卫护"地方",而要想达到其原初设定的意指目标,则必须更换新词,我的建议是"地方间性":在"地方"中地方仍然作为个体而存在,而且是作为平等之个体;"间性"是所有地方共同创造出来的"全球性"。没有全球化,也没有本土化,在理论和事实上,都只有"地方间性"或"地方之间的互动"。在哲学上,"全球化"实乃一种"间性"。(2019-8,第19页)

以"地方间性"为框架,那么中国与西方、与"一带一路"相关的所有国家之间就是平等的关系,是走亲戚、串朋友的关系,是和而不同的天下大同。需要正名,"大同"不是全面的同质化,而是各种差异彼此之间的"大相与/遇"

(great withness)。(2019-8,第19页)

就其有意为之而言,"全球化"或者"地域化"都是现代性的,它们是构成现代性运动之不可或缺的两个方面;就其不可控的后果而言,"球域性"又是后现代性的。从全球化到"球域化",恰就是我们一直在论述着的将大一统的全球化转变成为多元共生、生生不息的动态全球化。(2005-Z,第107页)

"球域化"是我们对美学的结论,也当然是对文化的结论。在我们所限定的"全球化"的哲学语境中,说"全球文化"或者"球域文化"是一回事。"全球化"将宣布"民族文学"的终结,同时也是"一种世界的文学"的终结。我们由此将进入一个不确定的文化空间,但它又确实有待我们去确定,站在自己的脚下,以自己的方式。(2005-Z,第115页)

全球化过程中无论谁主动、谁被动,实质都是双向的,你进入我的内部,而我亦同时包围了你。因此,全球化就是"西方与他方"(West-Rest)、主体与客体之间的互动,是地方间性,是地方之间的相互作用。以互动视之,那么西方与他方、主体与客体之间的统御和被统御关系则立刻就会变成地方间性、主体间性的平等关系。原先作为主动的、征服的、普遍的"全球"将不复存在。当然,如果我们仍然愿意保留"全球"一语的话,那么此时的"全球"则不代表任何单独的一方,或由若干方所结成的集团,它甚至也不代表任何具体有形的东西,它是各方之间的一种关系、一种链接、一种协商的空间。或者仍以实体思维而论,此时的"全球"是各方相互作用的一个结果,是巴赫金意义上的"事件",各方都获得了自身从前所没有的东西。(2019-8,第18页)

"地方化"或"本土化"也隐含着主体强势,深陷于主客体二元对立思维的沼泽之中。在取消"全球化"的同时,也应同时取消"地方化",而代之以"地方间性"(interlocality, interlocalization),将所有的地方或地方性并置,不允许任何一方有特权凌驾于另一方之上。在各方的互动和角力中,如果说本土通常具有相对的强势,那是因为它具有更多的物质性和身体性,而外来方则因其漂洋过海、长途转运的"途耗"而于此相对较少一些,它更多地以话语的面貌呈现在本土面前,但并非说这些话语就是无源之水、无本之木,与其本土全然脱节。因此,无论地方和外方孰强孰弱,都不改变它们之间的关系性质,仍旧是互动,是相互作用,是两个主体(个体)之间的相遇。(2019-8,第18—19页)

全球化是主观意图上的现代性,同时也是实际效果上的后现代性。任何一种力量都希望按照自己的利欲掌控全球化,而事实上这种掌控也必然受到其他各种力量的掣肘。全球化不是一种力量的单向推进,而是各种力量的相互作用。因而,更准确地说,全球化就是"球域化"(glocalization),即"全球化"

与"地域化"的双向互动。简言之,我们将全球化看作一个超越了现代性与后现代性的新的哲学范畴。(2007-10,第77页)

我们常说,全球化可以激发一种特殊文化、特殊身份的形成,在这个意义上,全球化是一种理论、一种视角。(2015-1-1)

全球化如今不再只是我们应当研究的一个对象,而且已经成为我们研究其他一切对象的方法,因而全球化就是一个哲学话语。(2005-12,第54页)

全球化根本上就是经济全球化,为经济所驱动,以经济为直接目的。但经济作为人的活动另一方面又是文化性的,[……]由于经济活动在人类生活中所居于的核心位置,它最基础、最日常、最必需,因而它或许应被看成最基本的文化存在形态。(2008-1-1,第91—92页)

全球化总是首先表现为经济层面的全球化。其中不论是资本将人变成演绎其自身逻辑的工具或是人们利用资本的扩张寻求贪欲的欢乐,经济活动都是人或经由人的活动,在这一意义上我们又可以说,全球化是文化全球化。文化的背后是利益。(2005-Z,第73页)

历史地看,资本主义经济不是后来才演变为一种文化,它一开始就是一种新的文化;逻辑地说,既然承认先于"消费方式"的"生产方式",那么它就如威廉斯的"生活方式"一样,理所当然地归属于"文化"的范畴。当今的经济愈来愈显

出其固有的文化属性了。既然经济的即文化的,那么以经济为主导的全球化当也是文化的全球化。(2008-1-1,第93页)

商业逻辑不承认任何之限制性规则,它只服从突破所有限制以最大化其利益的自身冲动。在它的逻辑里,国界是必须拆除的障碍。解域化或全球化,是作为商品的媒介之最内在、最本质的逻辑冲动。(2005-Z,第75页)

全球化把所有国家、民族和文化的命运结成一个命运共同体,我们在其中做的任何事情都具有对他人的意义和后果,我们也同时可以感受到自己所作所为的反作用。因此,合作共赢是我们唯一的选择!过去学术界总爱讨论中国古代经典的现代性价值,今天,我们应当同时或更多地关注中国经典的全球性转换,检查一下我们的文化家底对于解决人类问题将发挥什么样的作用。(2019-8,第19页)

如果说既往的全球化可能如罗伯森所描述的是"球域的",的确,至少在形式上全球化一直是作为"全球性"的西方(the West)对那作为"地方性"的"其他"(the rest)的普遍性整合,但不可逆转的大趋势则是全球化将愈来愈不是"球域化",它是一种殖民主义或帝国主义性的全球化,而是"互域性"(inter-locality)或"超域性"(trans-locality)。(2006-12-2,第243—244页)

"全球文化"不是西方的专利,而是全球的参与和碰撞,

是对自我的守持和超越,是对他者的尊重和谨慎的沟通。(2011-6,第74页)

全球化时代的文化研究必须以一个与时俱进的、被翻新了的、作为哲学概念的"全球化"或者"全球性"为其理论、胸怀、眼界,否则就仍旧是"现代性"或"后现代性"的文化研究,而不是综合和超越了现代性和后现代哲学的"全球文化研究"或"全球性文化研究"。(2011-1-1,第160页)

霍尔对全球文化的文化研究,就其对主体性原则的坚持和贯彻而言,是归属于现代性哲学的,他在一个"结构"概念中将现代性对于全球文化的洞见发挥到极限处,即是说,在一个现代性框架之内,预言了文化帝国主义计划的最终破产,这因而也就超越了现代性而具有后现代性色彩。[……]霍尔已经强烈地暗示了一种超越现代性与后现代性的全球化理论。(2011-1-1,第164页)

在一个全球化的时代,"文化帝国主义"的仍然有效性在于,它假定了民族、地方在全球交往中的不可祛除性,更进一步,也假定了个体存在的永恒性。"第二次现代化"的"超民族性"不可能终结"第一次现代化"的"民族性",至少在目前或在可见的未来是如此。"现代性"将穿过"后现代性"而进入"全球性",它当然会在对后现代状况的适应中对自身进行重新定位。(2011-1-1,第161页)

"帝国主义"不是"世界主义",它诚然具有世界主义的外在特征,即对民族疆界的破除,或者也可能带来些许的天下一家的感受和思想,但根本上则是为其一个民族的利益,是一种放大的民族主义,越界的民族主义。真正的世界主义是一种境界、气度、胸怀,是对他者的尊重、关切,甚至是自我牺牲和奉献。(2015-7,第60页)

全球化使相异的文化相遇、相冲突,而与文化冲突必然地相伴生的则是援之于"自然"的自我申辩。如果说全球化本身即意味着文化冲突,那么它同时也是意味着对"自然"的不同阐释间的竞争和斗争。(2007-5,第101页)

全球化凸显了我们与他者的相遇,各种文化形式间的相遇。如果我们固守于自我,自我的时间、历史,以及在此基础上的进步观,那么不可避免的全球化必将成为人类不可避免的世界末日。与此不同,中国政府基于儒家"和而不同"的理念而提出的"和谐社会"或"和谐世界"将为如何全球化提供一套不同于西方政治之单一全球化的新思路。(2006-12-2,第243页)

我们倾向于以"全球"取代"世界",以"全球文学"取代"世界文学":"全"已经包括了"世界",而"球"则呈现出立体的、动感的、旋转的、解中心的趋势,这样的"全球"就是我们全球化时代的文学的特征。(2005-Z,第

106页）

如果说全球化不是在结果上"化"出一个同质的、静态的和透明组织的世界整体，那么它至少在两个方面是后现代性的：一是"时空的世界"，二是主体与客体（或他者）的关系为一种社会学的主体间性所取代，我称之为"温和的后现代性"。(2005 - Z，第90—91页)

差异即对话

【本组摘录以"差异即对话"为题,主要包括作者对中外思想文化史上"差异性话语"的思考和绎论,以及对围绕此话题所提出的"差异即对话""差异即发生""差异即关系""文化星丛""他者间性""间性自我""间性文化自信""对话自我""从特殊性向普遍性过渡"等概念或命题的相关阐说】

差异即对话。在理论上,言说差异就是将差异带入对话,差异性话语就是渴望对话的话语;从实践的角度看,在所有的"运动政治"以及其他各种差异政治中,高举差异的旗帜无非是为了更有效地获取对方的承认,是为承认而斗争,为在一种关系中寻找其满意的位置而斗争,此绝非如德勒兹所苦心孤诣的,独自地差异下去,独自地"生成"开来。差异就是为了进入对话的差异!不存在为差异而差异的斗争!(2016-4-2,

第 70 页）

"差异即对话"命题，一方面意在反对某些后现代和后殖民理论家之固执于绝对的不可言说、绝对的他者，以文化差异和特色拒绝异质文化的进入，拒绝文明互鉴、文明对话，另一方面也是为了解构价值观上的西方霸权主义，将西方价值地方化、语境化、文化化，而最终目标则是以期形成"价值星丛"或"文化星丛"。（2019 - 5，第 129 页）

差异是世界的本来面貌和本体论特征；差异是人类进步或文明发展的源泉和动力；差异使世界丰富多彩，使世界充满了意趣和意义。（2017 - 4，第 124—125 页）

差异或许有本体论的根据，但只要有人尝试指出两个事物之间的差异，这时差异就已经进入差异性话语了。正如同一是先已假定了差异一样，差异也是先已假定了同一。一切差异性话语，无论其如何标榜其"奇异性"（singularity）、不可通约性，但都是先已进入了对话，都是为了更有效地对话，而非将自己封闭起来，同时也拒绝外部世界和他者世界。全球化宣布了差异性话语在理论和实践上的重重困难，我们必须与时俱进地从差异转入对话。但是，对话并不是要放弃差异，而是将差异置于对话主义的"星丛"，在其中差异既是话语性的，也是本体性的。一句话，差异即对话！我们之所以选择对话主义，乃是因为单独从同一或者差异出发，都无法解决全球化时代的

差异即对话

现实和理论难题。(2016-4-2,第71页)

在反抗资本主义规训和帝国主义霸权的各种社会运动和政治革命之中,差异性话语是被规训者和被宰制者等弱势群落使用最频繁或许也是最为奏效的理论武器。然而在对话主义看来,任何差异性的抗争终究不过是对话的一种形式。差异在本质上就是对话。(2016-4-2,第60页)

差异将自身定位于边缘、例外、弱势,并仅仅是在此位置上主张其权利。这样的差异终究不会成功,因为当东方人积极地以西方的他者形象呈示给凝视着的西方时,西方人其实也乐得有他者出现以强化其主体位置和主导作用。这样的差异即使大获成功,从另外的角度看也是被收编、招安,转化为西方主体的滋养。差异若要获得真正的成功,则必须改变其定义:"差异即对话",而对话则既要坚持自身的特殊性,又要将自身的特殊性赋予其对话者。因而理想的差异便是彼此差异的个体之间的对话,是个体间性的对话。在这样的对话中,差异既属于己方之表出、现象化,又进入对方之视野,为对方所看见、所容纳。这种彼此相见,构成了从前所谓的"普遍性"的内涵。(2019-8,第21页)

我们的差异政治有更紧迫的议事日程,即如何看待和处理中西方之间在政治、经济、文化和价值等方面的关系问题。在我们这里,差异政治主要不是拘于民主国家或共同体内部事务的"认同政治",而是国家之间、意识形态之间、经济体制之间、文化之间、文明之间的宏大政治,是中国在全球化过程中为争取外部世界之承认的政治。(2016-4-2,第67—68页)

"差异"具有后现代的指向,即以不可被理性约简的非理性发起对启蒙理性及其普世化的批判,而理性又总是通向规范和霸权,至少说常常为后者所使用。(2016-4-2,第68页)

将他者作为他者,将自己也作为他者,即作为有限的主体,将"主体间性"更推进为"他者间性",推进为本体性的"文化间性"——唯如此,全球化时代的文化研究才可能筹划一场真正意义上的"对话",而此对话的效果则是对话者对自己的"不断"超越,对自己的"不断"否定,对自己的"不断"重构,之所以是"不断",是因为对话者永远保留有无法被表述的本己,无论经过多少轮的对话,一方对话者都不可能变成另一方的对话者。(2011-1-1,第165页)

中西文化的不同并不只是空间性的,同时还是时间性的,是传统与现代的对立,因而所谓的"中西对立"常常就是传统与现代的对立。如果说中方在这种对立之中有时不占优势,那是因为中国也不再那么传统,它早已进入了现代;而如果说中方仍具有不可取代的价值,那是因为现代化需要为其所丢弃的传统付出代价。完美的现代化需要中西方的互补、合作。(2016-4-2,第70页)

差异即对话

如何做到从文化自信到赢得文化他信，涉及文化传播的战略和策略等许多方面的问题。在总体战略上，我提倡"星丛对话主义"。我们要以对话主义精神来理解弱势文化对差异的标识、张扬，认识到"差异即对话"，而非像后殖民理论所坚持的"差异即绝对他者"，不可理解，不可展示。（2019-8，第23页）

个体，如同主体，必经他者方可建构起来；但一经他者这个环节，个体将不复为个体，而只能流于从属性意义上即从属于"意识形态与意识形态国家机器"的伪"主体"了。（2012-3，第114页）

所谓"他者"有两个指向，一是已经进入主体视野的他者，这种他者对主体来说是客体，拉康称之为"小他者"。拉康说的"大他者"是隐藏在主体背后的符号象征体系。大他者与小他者并非绝缘，大他者不断进入小他者，更大的社会体系的东西在慢慢进入无意识区域。在此意义上，无意识是一种潜入、潜在的语言结构。二是列维纳斯所说的"绝对他者"。康德警告我们，不能说只看到显现，而看不到有"那么个"东西在显现。显现总是某物的显现。之所以有现象世界，就一定有物自体在那里。大他者和绝对他者都有呈现出来的特点，它们会进入主体的建构当中。在这个意义上说，我们理解的"差异"，一是概念、符号上的差异，二是来自事物本身，世

界上有我们不理解的东西,但也有不断向我们展示的东西。(2019-8,第23页)

他者不是作为他者,而是作为我的他者即为我所整合的他者而出现,这大概是德国一切理性主义哲学的必然结论,例如当代哈贝马斯的主体间性就是一个以我所认定的理性为基准的我与我的另一自我的互动关系。(2003-3-2,第48页)

"主体间性"概念不只是作为一个"交往理性"的概念,一个认识论的概念,而应该是本体论的或存在论的。在这一被本体化了的意义上,所谓"主体"就是主体间性,一主体为其他主体所介入、所干预、所占有因而所构成;离开了这种"彼此性"便没有任何意义上"主体"或"自我",无论是在身体的意义上或者是在文化的意义上。(2006-12-2,第243页)

在信仰上,西方人具有浓厚的宗教情结;在哲学上,理性主义始终稳居主流与主导。这就是说,西方社会是一个普遍主义盛行的世界。他者、对象、差异是被整合的对象,是作为西方式主体的食粮。后现代主义对差异、对他者的强调和坚持,或许是普遍主义黑暗王国里唯一的一线光明。差异是不可被同一的差异,他者不是对象,它超出认识论的客体身份,永远向暗处退缩,永远地似显非显,由此成为列维纳斯所谓的"绝对的他者"。(2003-4-1)

有强者的差异,那是优越感、优胜感、杰出感;有弱者的差异,那是为尊严和权利而进行的抗争。在一定条件下,两种差异是可以转化的:当弱势不再是弱势或转变为强势时,其差异就变成卓异、卓越了;同样,当强势不再是强势或转变为弱势时,其差异则流于怪异、怪诞,例如退化为今日的旅游消费中的"景观"。在此需要注意,我们一般不会将强者的差异称作差异,差异是弱者的专属权利。对弱者而言,差异总是一种斗争策略,但差异总是隐含着对话的愿望:斗争是一种极端形式的对话。(2016-4-2,第71页)

我们不能用统一去消灭差异,反过来差异也不能取代统一。差异和统一本就是一枚钱币的两面。差异如果单就其作为具体的差异而言,它是另一个层次上的统一。以任何事物为起点我们都可以无限地差异下去,除非我们不想取消差异本身,我们就永远面对一个差异的统一。差异并不危及一个事物的实体性存在。因而一个民族内部尽管可能有无穷多的差异,种族差异,地区差异,个体差异,但并不能使人视而不见一个民族就在那儿存在着。(2008-2,第7页)

言说他者,即使言说的是他者的不可言说性,就已经是将他者带入言说,带入对话,由此他者便不再是纯粹的他者了。(2016-4-2,第66页)

任何对差异的标举,无论在理论上或实践上都属于对话,以对话为目的,以对话为前提。[……]但对话总是有所隐蔽

的、有所保留的,也正因为这一点,对话就总是处在未完成状态即动态之中。(2016-4-2,第60、64页)

我在对全球化界定的基础上谈对话:一,对话是话语性的;二,对话具有不可对话性,即总是存在那种无法传达的、无法表达的东西。(2015-1-1)

所谓"对话",首先是鼓励介入对话过程的各方充分发声,其次是提倡各方之间的相互倾听。对话的哲学前提是承认各方有不可通约的生命存在及其本真性,同时对话又是向异己让渡本己的空间,是诚意的邀请和虚席以待。在充满各种利益冲突的时代,只有高扬对话精神,我们才可能获得一个和谐的世界。(2016-2-1,第1页)

对话假定了一个先在的主体性,但是这一主体性回溯起来,是一个更先在的主体性通过与他者的对话而建构起来的;同样往前看,这一先在的主体性也必须经过与他者的对话而转变成为新的主体性。(2002-5-1,第46页)

无论是全球化的发动者或被动者,既然在全球化过程中处于一种对话的关系,既然在对话中都可能更新自我,那么这首先就假定了一种原始的主体性,一种先验的认识结构,一种传统的前见。对话因而总是主体性的对话,主体与主体之间的对话。但是若是寸步不离于这一主体,则将无法构成对话,因为对话意味着彼此分享,意味着相互走向对方。从这一意义上

说，对话又是"无主体"或"去主体"的对话。（2002 - 5 - 1，第45—46页）

对话主义同时假定了对话参与者不可穿透的个体性存在与对这种存在的话语性超越，"全球"是对这种超越性的一个强化性描述。（2011 - 1 - 2，第64页）

已有两种对话主义的缺陷：从效果史方面说，巴赫金的对话是一种话语性的对话，未能深入人的生命层次，只是在我们能够谈论的话语的层次上。［……］伽达默尔在其解释学理论中提出：我们本身就是对话。他要把对话建立在存在的基础上，包括人类的社会存在、文化存在、生命存在。这种文化性的存在和人的生命存在，是本体性的存在。在传统的对话研究中，巴赫金忽视了人的生命存在，德国解释学传统则缺少了话语的部分。（2015 - 1 - 1）

对话以个体存在为基础，而后寻找一种主体间性。在巴赫金看来，对话原则上就是主体间性。但如果说主体是话语的建构，我们毋宁说创制一个更贴合巴赫金意谓的术语：个体间性。个体之间彼此寻找沟通，而他们能够沟通的则一定是话语。［……］严格说来，巴赫金的对话是个体间性，而非仅仅作为"文本间性"的主体间性，其个体间性的对话已经涵括了结构主义的主体间性。（2019 - 4，第15页）

我的对话理论试图超越巴赫金的对话主义，同时也超越解释学的本体对话论或曰本体对话主义：一，我们要讲普遍性，要讲普遍意义。因为在对话中，只有话语具有普遍意义，只有话语能够沟通。二，要强调特殊性，这是话语之所由出、话语的基础。那么对话主义实际上就是在特殊性和普遍性之间，建立一种动态性的关系，而不是偏执于普遍性或者偏执于特殊性。（2015-1-1）

对话主义第一点要强调在话语层次的对话，第二点要讲特殊性。这个特殊性与"他者性"根连，是我们不可被转译出来的、不能够被讲述出来的本体性存在。在世界上讲全球文化、全球价值的时候，这些都是可以讲出来的，可以沟通，可以传达，而我们自身的存在、自身的特殊性有时则无法讲出来。对话主义在这两者之间寻找一种和谐和均衡。（2016-2-1，第2页）

"文化间性""主体间性"概念的提出，是为了在不同的文化之间、主体之间建立对话性和交往性的关系，但这只是一种理想的状态。凡对话或交往之进行，必涉及两个前提性假定：第一是对自我身份及其特殊性的确认，第二则是对自我之局限的意识从而对他者的开放。（2007-5，第100页）

中国文化的真髓是"和谐"，和成百物，和成天下，而"和谐"则意味着差异和他者的独在和共在，意味着与"主体间性"概念不同的个体间性。主体间性如果不是个体间性的话，

其作为一个术语便没有存在的必要。（2019 - 5，第129页）

对话的基础可能根本就不是"心同理同"，不是"交往理性"，因而对话也可能根本就不是为了"共识""沟通""一致性"，而是为了"差异""谅解"，让他者永远作为他者存在下去，一句话，对话当就是"和而不同"。（2003 - 3 - 2，第53页）

"和"意味着对他者的承认，意味着与他者的相互作用；"不同"则强调了我们作为对话一方的主体性。"不同"不停地被"和"所消解，被"和"所丰富、更新，由此或形成一个新的不同的"不同"，而这一"不同"接着又会以自己的"不同"即特殊和主体性而进入新一轮的"和"即相互作用的过程，如此循环往复，以至永无穷期。株守着"不同"，就是对"和"的拒绝，就是对他者的拒绝，而单纯地讲"和"则失去对话所必须假定的立场，尽管这立场是暂时性的，也是地域性的，需要在"和"的过程中接受修改。"和而不同"是发展的策略，更是对话的极境，畅言自我，而同时又将这自我置于可讨论的基础之上，或心潮逐浪高，或觉今是而昨非——这是求知的快乐、履新的喜悦、蝉蜕的痛快、升华的超然。（2002 - 5 - 1，第46页）

所谓"互补"不能是互为仇敌，消火对方，而是相互平等、相互欣赏、求同敬异，是非暴力地"让"对方存在，最终达成一个你我互有的交融状态。"让"不是我"让",也不是你"让",它根本就不是这世界某个具体之人的"让",它是超越你我存在的第三种力量。它当然不是你或许已经想象到的上帝了,但它是类似于上帝的无法诉诸理性解释的道德律令。接到这样的律令,我们是必须"让",我们不得不"让"。此"让"是对不可抗拒的力量的自觉臣服。"让"是伦理性的,呈现为"和而不同"。这种为"让"所奠基的"和而不同"来自于一种先天的对他者的承认和敬重。(2018-3,第57页)

我们早已进入一个全球化时代,这个时代的特点是对话,是彼此的方法基于彼此的真理的对话。一切社会性存在都是话语与实在——也可以说是方法与真理——的动态对话的结果。海德格尔把"争辩"称为"实事",阿尔都塞把"意识形态"落实为"意识形态国家机器",威廉斯把"文化"下沉到"日常生活",古英语以"思"(think)为"事"(thing),等等。依照这样的思想,任何对话将在方法和真理两个层面上同时展开。(2014-4,第149页)

对"差异"的关注和思考在中外思想文化史上可谓源远流长。如果说其"主文本"是同一和主体,那么差异和他者则构成了其"副文本"(sub-text,亦可译为"潜文本")。前者的历史有多久,后者的历史就有多久。它们一生俱生,一亡俱亡，因为任何主体性或主体意识的诞生都必须以他者性为其食粮，为其镜像，在这个意义上，我们也可以反过来说，没有他者就没有主体。(2016-4-2，第60—61页)

　　自我首先是生命的自我，身体的自我，物理的自我，人生功名利禄无不托于此身。身体是自我之根柢，它们一体不二，是以习谓"身体自我"亦为不谬。另外，自我也是象征秩序的自我，认识论的自我，话语的自我，社会的自我。前者处于一种无意识状态，是盲目和盲动的存在；后者则是对自我的认识，即是说，自我认识到了他的自我存在。当自我成为自我意识的对象时，自我遂开始成型。自我是一种意识现象，自我是自我意识。然而处于意识中的自我不是孤立的自我，浑噩的质料，而是关系中的自我，进入象征秩序的自我。我是谁？我自身是无法定位我自身的，自我的出显必须借助于他物、他人，在他者所构成的关系网中确定自身的位置。（2019-4，第5页）

　　以"我"所标志的自我是区别性的，而所谓区别也就是同时假定了两个事物的存在，在此即自我和世界的存在。"我"在世界之中，"我"从世界中走出即与世界相揖别而后出显为自我。在命题语言中，"我根本不是用'我'来确认我自己"，我无法做到这一点，"我"必须经由对"我"的述谓即作为主语"我"的谓词部分将"我"表述出来。那谓词部分表述的固然是"我"之性状,但此表述所借用的种种元素则不属于"我",即"我"是被"我"之外的事物(作为能指)所确认和建构的。(2019-4,第5页)

回到拉康和海德格尔多次说过的"不是我在说语言,而是语言在说我"的那一著名论断。自我的确立及其意义需要通过外于它的符号体系来完成。在此意义上,一旦说到"自我",也就先已说到了他者;同理,一旦说到"主体",也就先已说到了"交互主体"。(2019-4,第5页)

从哲学上看,纵使将自我提升到孤绝的程度,那也不过是对他者的一种特殊形式的承认和容纳:切割总是意味着另一种连接。其至,自我愈是决意与他者划清界限,其与他者的关系便愈是牢不可分;它们处在共现之中,彼此都得到了更加清晰的呈现。自我位于他者的另一极,二者共处一种差异和比较的意识之中。除非将自我从自我意识中彻底清除出去,否则他者总是一再浮现。但没有对象的意识是不可想象的。情况总是,只要想到、说到自我,他者(对象)便一道地被钩沉。[……]自我同时即意味着他者,意味着与他者的对话性关系。(2019-2,第69页)

萨特是错的,他人不是地狱。兰波是对的,兰波说,我就是一个他人。他人是自我的成就者!自我需要依赖他人而成就自身。自我从来就不是单纯的自我,打开看,它就是社会的构造物。在其现实性上,即当其实现和展开之时,人是一切社会关系的总和。但自我也不会在这种总和中丧失自己。[……]自我是重要的,自我带出了世界。当然,它同时也被世界所带出。二者相携而出!(2019-4,第5—6页)

中西关系研究的核心是"差异",是关于如何对待"差异"的诸多话语。[……]它是一个元问题!围绕着它有许许多多的派生性问题,如颇受部分作家青睐的口号"越是民族的就越是世界的"(刘绍棠等)以及针锋相对的反驳(阿来等),如对于中国文学发展史上"边缘的活力"的关注(杨义等),如文论界对于"失语症"的恐惧(曹顺庆等),如关于"世界诗学"的构想(王宁等),如新近涌现的对于建构中国文论话语体系的热忱以及对西方文论霸权话语的批判(张江等),甚至比较文学学科在中国的兴起亦可作如是观。诸如此类,不一而足,它们均可还原为如何处理中西方文学关系或者说如何对待文化"差异"的问题。(2016-4-2,第61—62页)

孔子早说过:"夷狄之有君,不如诸夏之亡(无)也。"其后,孟子更明确、更坚定地申谓:"吾闻用夏变夷者,未闻变于夷者也。"至汉代《春秋公羊传》则形成一个所谓"内其国而外诸夏,内诸夏而外夷狄"的结构或模式。这就是在中国思想史上极为著名的"夷夏之辩"。应该说,中国自古便有"差异的政治学"或"差异的文化政治学",在"差异化"中构建和强化自己的身份、地位。如今"夷夏之辩"并非烟消云散,它自 1840 年的鸦片战争起摇身一变成为"中西二元对立"思维,深入骨髓,沉淀为我们基本的思维定式和文化无意识。如果说从前的"夷夏之辩"洋溢着华夏民族的中心感和优越感,那么"中西二元对立"(如中学西学之辩)思维则更多地包蕴着在西方列强面前的挫败感以及受挫之后的奋起抗争,但这抗争的极限也不过是达到"夷夏二分天下"的地步。(2016-4-2,第 61 页)

对于弱势力量而言,比如说同性恋、女性话语、第三世界,在一开始强调特殊性,是有必要的,因为要对话,你必须有自己的身份,否则你拿什么来跟别人对话,站在什么立场上跟别人对话呢?但在更进一步的阶段,对特殊性的强调,对个人身份的强调,必须把它阐释或者理解为与普遍性具有某种结合关系的东西。我认为,后殖民主义的进一步发展,应该是把他们的差异性作为共同性,而不是自绝于一种普遍性,自绝于一种对话性的"表接"。所有的对话都是要放弃自己的存在,某一部分存在,让出一部分东西,然后才能进行沟通;同时还要坚持一部分东西,在绝对的自我存在和话语之间永远是一种动态性的关系。(2015-1-1)

20 世纪西方最值得研究的差异性话语有四大板块:法国后结构主义的差异话语,受后结构主义影响的英美后殖民主义差异话语，德国企图消弭差异和他者的主体间性话语，20世纪90年代以来全球化研究中的差异话语。此外，还有两个重要的板块——女性主义和消费主义（例如波德利亚的差异性消费话语体系也不容忽视）。(2016-4-2，第64页)

海德格尔"本体论差异"首先说的是存在与存在物之间的差异。存在是无差异的，当存在发生为存在物时，差异便出现了。质言之，差异即发生。人是存在物的一种，人之作为存在物的差异，不但是相对于作为其本源的存在，更来自于与其他存在物之间的关系，这就是海德格尔关键词"此在"的本义。[……]没有与其他存在物的关系，人之作为存在物就不可能独具并显出其差异。这也就是说，差异即关系。(2016-4-2，第64—65页)

深得海德格尔真传的伽达默尔不说"我们对话"，而说"我们是对话"，因为对话是我们的本体存在。伽达默尔主张我们与他者对话。文本在存在的意义上与我们自己相通，而它同时又是一种异在。阅读一个文本就是同一个陌生人打交道。文本的他者既是"真理"，也是"方法"。他者具有不可穷尽的神秘性，通过与他者相遇，我们自己被认识、被扩大、被更新。伽达默尔将语言作为解释学的一个核心论题，甚至在他也可以说，语言的就是解释学的，因为语言的本性就是对经验的共享，就是对对话的预设；更进一步，我们原本即是语言，或

者反过来,语言即我们的存在。(2016-4-2,第65页)

在哈贝马斯看来,任何差异、认同都意味着与同一、与作为同一或普遍性的民主的对话和协商关系。他提出,对话具有双重的职能,一是寻求自己的身份,我是谁,我要成为什么样的人,即"得到关于自身的清晰理解",二是确定"如何对待他人,如何对待少数人群和边缘全体"。对话就是知己知彼,了解自己与他人之间的关系。但更重要的是,对话还假定,此关系不是伦理性的,不是善良的意愿,在其本质上,它是交往理性,是协商性的和有程序来保证的。这样的对话理论被归结为理性,归结为话语,并由此而通向主体间的"共识"以及社会的"团结"。哈贝马斯的对话理论具有鲜明的实践指向,它是一种政治哲学,不,毋宁说,它是一种哲学的政治学!在这种对话理论内部,不是不存在差异,而是所有的差异都被理性、语言、共识、程序所同化、消化。(2016-4-2,第69—70页)

胡塞尔和哈贝马斯的主体间性理论可以理解为一种对话理论。如果说海德格尔和伽达默尔范式的对话是本体论对话,那么胡塞尔和哈贝马斯的范式则是认识论的。但无论是本体论对话抑或认识论对话,都忽视了为法国后结构主义视为畏途的对话,在后者看来,完全的对话是不可能的。我们的对话理论是对德法两种范式的综合和超越。(2016-4-2,第65—66页)

后殖民理论最有力的武器是差异性话语。[……]他们多从文化帝国主义、压迫和剥削、同质化等角度理解全球化,因而赋予自己为他者、弱势群体发声和代言的神圣使命。[……]对于后殖民批评家来说,如何超越东西方二元对立,如何正确地界定差异、异质和他者,进一步如何将西方也纳入、整合进一个更高级别的框架,即使不是他们的盲点,也是他们的弱点。(2016-4-2,第66页)

当我们批评法国理论以及后殖民理论缺乏对话维度时,并不是说在他们的理论中找不出对话的因子,或者对同一视而不见,他们撕开给我们看的是对话和同一的困窘和无奈。以德里达的"延异"为例,它既是无限的差异化过程,也是无限的追逐同一即同一化的运动,没有同一的声声召唤,差异便会失去其差异化的动力。(2016-4-2,第66页)

当德勒兹宣布差异乃事物自身的差异化展开时,他无异于先已假定了事物自身的原初上的同一,假定了自我同一的神的存在。与德里达的差异相映成趣的是,如果说德里达的同一在遥远的未来,那么德勒兹的同一则在遥远的过去。同一是德勒兹以及德里达无法解构的形而上学。(2016-4-2,第66页)

列维纳斯的"他者"是绝对的他者,是不可理喻的绝对存在,我们人类之间固然可以"面对面",但我们无法深入交

流、彼此分享。(2016-4-2,第64页)

克里斯蒂娃曾经说过,文学本质上是女性的。如果说女性乃传统之所谓的他者,那么我们可以推断说,文学与差异具有天然的联系。(2016-4-2,第63页)

20世纪,法兰西为我们贡献了最伟大的差异哲学家——列维纳斯、德里达、德勒兹、利奥塔,等等。无独有偶,法兰西也为我们贡献了最伟大的差异汉学家,而且其运思的力度、深度、广度、复杂性以及解决当代社会问题的冲动和热情丝毫不亚于那些职业哲学家。如果将这些汉学家也列入法国哲学史,法国差异哲学的发端将会提早半个多世纪。在这一意义上,或许能够说,是汉学家开启了20世纪法国的差异哲学史。(2016-7,第42页)

差异汉学家谢阁兰早在20世纪初就开始了其差异之旅。他在代表性作品《论异域风情》中重新界定了"异域风情"。谢阁兰将"差异"提升到"生命"之源动力的高度,为了捍卫我们的生命,谢阁兰向一切有害于"差异"的敌人作战,他们是殖民者、旅行者、传教者、人类价值或普世价值的狂热推行者,等等,其共同特点是化约他者、整合他者,将他者变成自我的另一版本。保持差异,就是保持世界的多元之美,保持对异质文化的尊重,而这反过来也是保持自我的活力。(2016-7,第42页)

如果说谢阁兰是间接地对全球化发言,那么继承其衣钵的当代汉学家和哲学家朱利安则直面全球化时代的文化问题。[……]对朱利安而言,"迂回和进入"不是进行"比较"和发现"差异"的学术之旅。他微妙地否定了"差异"和"比较"这样在跨文化研究中所惯常使用的词汇及其代表的思维方式,而代之以他所独创的"间距"(écart)和"之间"(entre)。[……]其中"间"就是列维纳斯的"面对面",就是我们所谓的"对话主义":对话既是一种主体间性,又是一种他者间性。"间性"或"之间"不是统合,而是协商,在协商中认识他者,也认识自我,获得共享,并创造出新的文化形式。(2016-7,第42—43页)

如果我们相信怀特海的话,整个西方哲学史无非柏拉图的注脚,那么或许可以接着说,西方哲学自始以来一直缘于对"多"的恐惧而永不消停地解决其与"一"的关系问题。哲学不是被公认为研究最一般的自然与社会的规律吗?这个最一般的规律就是所谓的"一",能够将纷纭万象的世界统而为"一"便是认识和抓住了世界的根本。(2016-4-2,第62—63页)

歌德的"世界文学"与原初意义上的"世界主义"(cosmopolitanism)是一个意思,内涵一个统一的"宇宙精神"(cosmos),之下才是"城邦"(polis)及其特色,而如果城邦不能贡献于"大全",成为"大全"的一个有机构成,则属于柏拉图的"杂多"。这就是我对"世界主义"一直心存疑虑的原因。我着力发展的"星丛""对话"或"对话性星丛"与"世界主义"的区别是:前者讲联系,后者讲整合。联系是独立个体之间的联系,而整合则意味着个体独立性的丧失,在整合下,差异被斩断了其作为事物本身的连接而仅余下作为现象和话语的差异。(2019-8,第21页)

关于人与自然的问题,我提出"环境对话主义"。在我们和自然之间永远存在着一种对话关系,这种对话是说我们所接触的自然永远是话语的自然。一句很悖论的话:我们要虚心倾听/谛听自然的寂静之音。首先,这是自然对我们说的;然后我们再去想想这是不是自然说的,抑或我们自己的回应。这样我们要在人与自然之间建立一种对话关系,这种对话既是在我们自身层次上的对话,也是我们对自然的倾听。我们实际上是归属于自然的。[……]为什么要用环境取代自然呢?因为我们无法界定自然、判断自然,自然只能进入我们的环境、话语系统,自然于是成为环境的一部分,所以我们不再提自然主义,而要说自然对话主义,我把它转变成"环境对话主义"。之所以用环境取代自然,是因为在西方的现代性遇到了理论困境,所以现在的一个趋势是,不再讲自然而是讲环境。"环境"这个新概念的实质是对话主义。(2016-2-1,第4页)

普遍性不再是形而上学之本体及其出显或作用，它在时间中创造出整个世界并赋之以时间性，而自身却在时间之外，它是绝对的、永恒的、不可改变的，上帝是它的人格化，柏拉图的"理念"、亚里士多德的"形式"、康德的"理性"、黑格尔的"绝对"以及胡塞尔的"先验自我"是它不同时期的命名。普遍性不再是被康德从前门逐出而又从后门迎入的"物自体"，而是我愿意称之为的"物彼此"或"物关系"，这里"彼此"和"关系"解构了普遍性作为"物"的实体性和因而有的绝对性，于是"物自体"不再是"物"，而是结构或超结构上的"相关"。（2006-12-2，第242—243页）

我一直反对将普遍性神秘化、先验化、宏大叙事化，认为它不过就是寻常的彼此看见、彼此容纳、相互衔接，而非彼此一致、叠合、雷同。套用哈贝马斯的术语"交往理性"，我们或可称普遍性为"交往普遍性"，没有任何一方能够代表普遍性，普遍性是一种在交往实践中所出现的"间性状态"。以间性理论观之，长期争论不休的"世界文学"概念说的就不是一种普遍性，比如文学观念和趣味同质化，而是既"各美其美"又能"美人之美"的彼此承认、欣赏，是文学的"民族间性"或"地方间性"，当然这种彼此间性并不一定导致或要求"美美与共"甚至"天下大同"，除非将"与共"理解为"分享"，将"大同"阐释为"和同"即"和而不同"或者霍

尔的概念"在异之同"。(2019-5,第128页)

二元对立模式是一种基于空间意识的观念,如今它必须接受时间之维的修正。[……]就其交往本质而言,国际化就是时间化、"当代"化,表明一种"共—时"(con-temp)的关系。[……]我们提倡的首先是一种国际意识,一种积极地介入国际的意识,一种对人类文化前途有所承担的意识。有了这样的意识,即使做最本土的事情,我们也是惦念着它的越界的即国际的意义的。(2011-6,第74页)

"传播"就其本义说就是"对话",企求对话,并假定了对话的可能,且不论是何种意义上的对话。(2011-2,第50页)

哈贝马斯指出,一种理性若想成为可信托的理性,不能是返回纯粹理性,而是要现实地引入其他理性,让各路理性相互言说、相互倾听,从而相互理解,并最终达成共识。理性的前途在于"交往理性",在于进入"主体间性"。[……]理性本身在哈贝马斯并不重要,重要的是理性能够以一种适宜的方式被实现出来,即是说,让理性在"交往理性"中实现自身。[……]"交往理性"本身即包括了理性,是人类对理性的实践。交往实即为理性。[……]"交往理性"的本质是对话,而对话无论它是否有关于真理,但它的确是有用的:对话不是零和游戏,我益人损,或人益我损,对话是合作共赢、各有增益。(2019-1,第17—18页)

作为对现代化或全球化的回应，当今国际哲学的两大主题就是探讨与传统的关系、与他者的关系，以一纵一横确定我们的坐标。在这方面，德国哲学的贡献尤为发人深思，有胡塞尔的"主体间性"、伽达默尔对话的"哲学解释学"和哈贝马斯的"交往理性"等，它们以各自的语言倾诉着与传统的对话、与他者的对话。（2003-8）

汤因比的世界主义乃对话性或星丛化的世界主义，即是说，他让特殊性与特殊性、民族性与民族性、特殊性的民族性与特殊性的民族性携手进入一种对话性的星丛共同体之中。（2018-3，第60页）

世界主义是静态的，致力于封闭性的终极圆满（consummation）；对话主义由于承认差异、个性，因而是动态的，寻求开放性的"和而不同"。（2018-3，第64页）

索绪尔语言学的枢机：在"言语活动"中语言和言语的互动关系。"言语活动"是索绪尔语言学的直接对象或第一对象，而后他才从中抽象出"语言"和"言语"两个部分，并始终坚持其相互依存、浑然一体的实存状态。对于语言学来说，语言或言语，无论索绪尔委何者占据一个更核心的位置，但对他有一点则是确定无疑的，即言语是对语言的个体性使用。因而言语活动或言语既是个体性的，也是社会性的。在这一意义上，我们完全可以说，索绪尔的"言语活动"即是巴

赫金的"对话"。(2019-4,第15—16页)

不存在私人语言,任何语言都是公共的,语言的世界是公共的世界;即使语言被私人化地使用,使私人言说具有特定的内容和风格,这样的言说也仍然是公共的,其公共性在于言说总是言说给他人,言说根本上是交往性的,言说者听众的多寡无法撼动语言的公共性。个人日记也不是私人言说［……］记日记的过程是一个与理性的对话过程,是整理、清理、梳理个人化的活动和感受、感想。通过付诸言说这样的行为,私密的空间先已为理性所探视、检阅和规制,即原则上已成为公共的空间。［……］同样道理,一种文化,无论其如何宣称、强调自己的特殊性,只要其特殊性一经言说,就已经进入话语、翻译、交往和他者了,因而也就一定是公共的、共享的和世界性的。(2019-4,第6页)

从能动自我和结构自我出发,我们将自我和自我的特殊性视作对话,即是说,自我既具有本体论意义上的对话性,也具有认识论意义上的对话性。离开了他者和异质,自我亦不复存在。自我与他者相异相成!依据以对话性为其本质属性的能动自我和结构自我,文化"自"信既然以自我的文化或者其文化的自我性和特殊性为根本,那么毫无疑问,它也必然将是对话性的,生成于对话,显露于对话,璀璨于对话!(2019-4,第7页)

差异即对话

在传播中,差异进入对话,从而为他人所看见、分享。传播与其说是建构差异的过程,毋宁说是解构差异的过程,即对话的过程,走向"不同而和"或"不同之和"的过程。只有真正放弃后殖民主义的差异思维,把差异理解成对话,中国文化才可能真正走向世界。(2019-8,第23页)

话语与日常生活

【本组摘录以"话语与日常生活"为题,主要包括作者对于"话语""日常生活""文化理论""文化与自然的关系"等概念或问题的相关论述】

话语虽然不是生活世界或日常生活实践的唯一质料,但它就是"日常生活"的"方式",是它在意识到的层面上组织和引导了日常生活。(2012-3,第125页)

在日常生活之作为日常生活面前,没有一种话语能够长久地维持其影响力。即使已经内化为日常生活或文化无意识、"政治无意识"的话语也终究会在日常生活的本能流动中被改造、被丢弃。(2012-3,第126页)

只要人们在日常生活中,其生活就一定是被引导、被规训、被意识形态化的。人既可能在生活中有自觉的判断和选择,也可能是不经独立思考、简单地遵从他人的。无论如何,举凡人的生活，就一定是编码的，否则生活就无法"进行"下去。如同霍尔所说，故事如果不被编码，便根本不能讲述、传播。对人来说，生命的历程就是故事被书写的历程，以生命冲动为其素材，以理性为其叙事学。（2019-8，第14页）

没有任何一种话语能够穷尽事物，话语总是囿于一条进路，投身其中，同时亦失去其外。（2019-8，第14页）

一切话语都是人的话语，一切文本都是人的文本；人不仅是话语的、文本的存在，也是现实的、生命的存在；总之，是欲求一言说的存在。人文科学固然以话语、文本为对象，但它不是将其作为空洞的能指，而是作为活生生的人的符号表现。所有符号都是指示性的！有所指，有所透漏，或者有所藏匿，总之不是自我指涉的。德里达的"延异"是意指的延异，不是无所指的延异。（2019-4，第14页）

英国伯明翰学派讲日常生活和话语，但是他们所讲的日常生活必须进入一种程序，一种话语，然后这才能叫作"日常生活"，英语叫 ordinary，这个词里的 order 是一种道理、天理、文化秩序，进入文化秩序以后这个生活才能存在。所以，在英国文化研究里讲生活方式的时候，这个方式是一种道路，凭此我们从日常生活里走出来。日常生活的方式引导我们如何组织我们的生活、组织我们的社会，所以日常生活、日用伦理和天理就结合在一起了，而这一点二程哲学讲得很清楚，英国人没

有想清楚。(2016-2-1，第2页)

日常生活虽为生活，以物质形态存在，然而此"生活"又是被"日常"化了的，是被编码了的生活。于是我们有言："我们过着某种生活。"所谓"过着"在汉语中有移动的意思，既然是"移动"，必然是在空间上从此处到彼处，这也就意味着"方向"了。无论我们是否知道我们生活的目的，只要我们在"过着"一种生活，我们就是在"引导着"、驾驭着或意识着自己的生活了。(2014-6-1，第90页)

没有什么话语是密封的，所有的话语都有裂缝，有裂缝才与世界相通，有裂缝我们才可能进入世界的全部丰富性和本真性。总之，恰恰是由于异质和裂缝的存在，话语才具有无限的暗寓、总是超乎想象的连接的力量以及例如在艺术文本中与世界本身的仿佛的同一性。(2011-2，第50页)

话语之间是有裂缝，话语的相遇显出了裂缝，但这裂缝究竟不属于话语自身，而是存在于话语与它的现实之间。(2011-2，第53页)

"话语"本身即意味着话语的斗争，为其作为"再现"的真理性和合法性而斗争。同样，"电视话语"也即意味着电视话语的意识形态斗争。(2010-2，第70页)

话语的接受者也必须是一个话语主体，而不论他的话语是否与编码者的话语相同或相异，否则便不能实现话语的传播。

"对牛弹琴"是交流的失败。(2010-2,第71页)

在"交互话语"中,"受众"决定于"世界",代表着"世界"的复杂性和整体性。这"世界"在阿尔都塞为"意识形态"所构成,在德里达是"文本",在福柯是"话语",总之不是"世界"本身。受众只要归属于这样的"世界",那么其话语就必然是被其他话语无数次地交织过,它是"世界"诸多话语中的一个,既与其他话语相关联,也为其他话语所塑造。话语从来就是相互的,话语从来不是事物的话语,而是话语的话语。话语无其外,话语之外无一物。(2011-2,第50页)

只要你说"话",我就一定能够"理"解之;若是形诸"文字",则成德里达的"踪迹",这"踪迹"亦是"理"。[……]我们不能总是游走在"理"或"话语"的层次上,"理"或"话语"一定是关于事物的"理"或"话语",而此物乃是它们永远无法穿透的内核。阅读中的个人性和私人性归属于这一穿不透的内核,于是传播从来不是透明的,它总是充满着歧义或误解。(2011-2,第51页)

如同意识形态主体,话语主体就主体之为话语所构成而言,也将不是真正意义上的主体。话语不能构成主体,它只能构成虚幻的主体,构成仿真的主体,构成一种仿佛真确和自然的主体感觉。因而对霍尔,对莫利更关键,问题不在于受众是否可以作为一方的话语,作为与编码者话语相对应的"其他话语",作为"特殊的话语",而在于受众话语在被意识形态或话语建构之后,是否仍然保有其"一方性""其他性"和"特殊性"?(2011-2,第49页)

当代文化理论倾向于将文化视作日常生活,或者反过来,将日常生活视为文化,其特点是在文化与日常生活之间不再做壁垒森严的区隔。(2013-5,第1页)

海德格尔反复申明,不是我在说语言,而是语言在说我。众所周知,他这是在强调"传统"的作用,在强调伽达默尔所欣赏的理解和阐释的"前结构";但是一旦"传统"固化,固化为布尔迪厄所说的"惯习",那么非"日常生活"则无以担待之。这就是说,传统就是日常生活。束之高阁的经典,不形之于日常生活的经典,构不成"传统"。任何主流意识形态如果不同时作为"道德无意识"就不可能牢固地占据其主流位置。(2013-5,第1页)

文化已然成为我们的日常生活,或者说,文化的问题已然成为我们日常生活的问题,这是对当代社会状况和性质的一种描述,且同时也将绽放各种文化政治学之可能性。有对文化大众化的肯定,如英国文化研究学派等,也有对它的否认,如法兰克福学派以及阿诺德-利维斯家族,还有超然观潮的社会学家们,像费瑟斯通等。[……]众声喧哗,赫然推出一个巨大的跨学科或学科网络——"文化理论"。如今,人文学科,甚或，许多社会科学门类，都程度不同地变成了对作为日常生活的文化进行阐释的"文化理论"。人们尚未由此自觉意识到但它确乎就是一个事实："文化理论"已成为当今人文社会科学的第一小提琴手。没有别的原因，"文化"是我们最日常的经验和最切己的存在。（2013-5，第2页）

文化理论应当是理论对现实和经验的关怀和介入；我们"在"（exist）哪里，哪里就应当有文化理论的研究场域；经验没有边界，文化理论也应当没有边界。换一角度，既然"文化无处不在"，那么文化理论亦当无处不在。这进而也是呐喊，文化理论不能是文化理论家们的私家花园，所有学科都有权进入文化理论，只要它珍怀与"日常生活"相接触的愿望。（2013-5，第2页）

不能说不再需要理性，不再需要精英，不再需要经典、文本、美学、自主性，等等，而是这一切都必须在"文化理论"中定位，必须在与日常生活的动态协商中找到其新的感觉和生命力。其实，日常生活本身就是话语与生活的麇集以及在此麇集中相互协商的结果。（2013-5，第2页）

回到文化理论的"日常生活"，它是话语与生活的麇集；由于话语并不总是充分表达、组织、引导生活，它们之间总是存在着仿佛"大地"与"世界"之间的裂缝，存在着无休无止的"表接"（articulation）和"再表接"（re-articulation）关系,那么这也就是说,日常生活并非如我们想象的那样日常和熟悉,它有拒绝程式化的一面。话语不抵抗,它只是"表接"、协商,甚至妥协;能够抵抗的是话语的他者,是生命本能或无意识,它们不接受话语的导引和规训。(2013-5,第2页)

从文化理论研究的对象上看,日常生活之所以呈现为一个文化的问题,他者之所以被凸显为主体的一个对立面,都是资本主义生产发展及其在全世界扩张的结果。它发现:人们其实并无日益增长着的物质需求,超出基本生活的需求都是文化性的、精神性的。这就是说,只有文化需求才会日益增长、无限增长。因此只有属意于文化,增加商品的文化附加值,才能无限地提升消费需求,无限地要求资本主义的生产。受马克思"交换价值"概念的启发,波德利亚发展出"符号价值",将符号生产或美学生产作为资本主义一直以来就在谋求着的霸业。"文化资本主义"或"美学资本主义"不是将文化或美学硬贴在资本主义身上,而是其最内在的冲动和要求。尽管整个社会的文化化或美学化有种种原因,例如麦克卢汉所指出的印刷术的发明,但资本主义商品生产无疑是其中最为重要的推动力量,是其唯以"交换价值"或"符号价值"为鹜的必然结果。(2013-5,第3页)

文化理论学科的对象是日常生活和被抑制的他者,其语境是资本主义生产或现代化进程。换言之,文化理论的目标是研究资

本主义或现代化的文化内涵或文化后果。(2013-5,第3页)

研究文化理论需要结合着资本主义的性质,就此而言,马克思确乎指明了许多可据以前行的道路。在文化理论领域,尚不可轻言告别马克思——其对研究资本主义文化的启示远未被穷尽,远未被发展出来。(2013-5,第3页)

"抵抗"是一个愈益迫切的时代主题。在中国,"抵抗"问题尤为复杂:在鸦片战争以来一直处于意识形态弱势和守势的中国,一方面需要思考如何抵抗西方意识形态,本质上说,即资本主义意识形态,同时如何合理化本土的意识形态,譬如孔孟之道;而另一方面需要思考如何抵抗与现代化发展不相适应的传统文化势力,落实在日常生活层面的规范体系,而在这种情况下,许多人如五四以来以"启蒙"相邀约的知识分子,又是抵抗以西方的话语,如"德先生""赛先生"以及"自由、平等、博爱",等等。(2011-1-2,第63—64页)

仅仅在话语层面寻找不同解读或抵抗的原因,是肤浅的、半途而废的;我们应当将抵抗的源泉一直追溯到受众的日常生活,受众之作为非受众的方面。(2010-2,第68页)

任何一种话语如果能够成为抵抗的力量,原因不是别的,而是在于它放弃其话语性而进入无意识层次,即先已是无意识话语,先已是本体的话语。(2011-2,第54页)

对霍尔来说,话语就是政治,就是意识形态,话语的传播因而就充满了权力的斗争。［……］霍尔没有强调以至于在控制性的解码之中也同样就蕴涵着政治的动力学关系,对立性的解码只是将这种始终存在着的意义政治以最突出的形式表现出来罢了。解码的政治本质从来没有改变过,所改变的仅仅是它的形式。(2010-2,第69页)

霍尔的编码/解码模式,其实,也是将传播视为符码之间、话语之间的交流的,一切都发生在话语之间,或者从根本上说,在话语之内。事件不越出于话语。(2011-2,第51页)

霍尔不只是未能验证其编码/解码模式——这不关键,关键的是在理论构设上就未完成它,因为霍尔始终行走在话语的层面,而从未深入到受众的日常生活——是受众的日常生活才构成对于电视文本最终有效的不同解读或抵抗。(2010-2,第68页)

在霍尔的语汇中,"电视话语"这一词组在形式上为词法所分解,而在内容上包涵一个句法结构:"电视"即"话语"。所"编"之"码"、所"解"之"码",都是这同一电视"话语"在电视传播之不同阶段的流通。(2010-2,第69页)

正是有了民族志方法,在莫利才可能出现"日常生活"这个概念。［……］对人类而言,绝无纯粹生物性的"日常生活",而只有成为"方式"的"日常生活",所谓"日常生活方式"。［……］在认为"社会"为"话语"所编织时,英国文化研究是欧陆取向的；而在发掘"话语"的"社会"形成时，他们又是英国本土的经验主义者。在英国文化研究中，欧陆理论与他们的经验主义、实证主义，或者说实用主义，是混合在一起的。(2011-1-3，第6页)

霍尔一直漂浮在"话语"层面，未能深入受众的"日常生活"，这个概念是莫利所着力发展的，莫利破解了认识论的困局，提出了一个社会本体论的受众概念。他认为受众是因其作为社会本体的存在而具备为"抵抗"所突显的积极反应的能力的，或者，受众的"物质性存在"才是其积极或抵抗的最终解释。(2011-1-3，第7页)

霍尔止步于"日常生活"，我们则从"日常生活"出发，将"日常生活"中的话语、意识形态、"方式""程式"剥离出去，让"日常生活"的物质性存在，让未经"文化"雕饰的"生命"本身，作为抵抗的最后一道防线。(2011-1-2，第63页)

莫利一条时隐时现的思想印迹是从话语的角度谈实在，话语构成实在，没有作为其自身的实在，一切实在均是话语实在，推而广之，一切个体，均是主体，而主体即话语，于是也可以说，莫利与他所批评的精神分析的不同仅在于：精神分析只相信独一话语，"普遍的、原初的"话语，它已内化为"精神分析过程"，而在莫利则是多重话语，"交互话语"，交互

"询唤"。(2011-2,第54页)

弗洛伊德、拉康,甚至包括阿尔都塞,之所以深得文化理论的推崇,原因即在于他们揭示了日常生活水面下的"冰山",那是被压抑、被侮辱、被损害却又无"由"诉说的遭遇和心理创伤。文化理论是这样一种学问,它起先研究非西方文明,而后愈来愈转向弱势群体、非主流群体、制度的零余者,一个词——他者。(2013-5,第2页)

凡有文化问题的地方,都有"自然"问题之存在,因为我们总是生活在文化的自然中或自然的文化中。没有无关乎自然的文化,也没有无关乎文化的自然。(2007-5,第102页)

"文化"可以有无数个定义,可以是相互矛盾以至相互取消,但无法解除的是其最初级和最根本的意义,即"文化"意味着自然向人的生成,而非人向自然的回归。"社会"虽然为"自然"所决定,但它不是自然,而是"文化"。(2006-12-1,第11页)

就人与自然关系而论"社会"之构成,"文化"据其半壁;而就"社会"之组织或者说组织"社会"来看,"社会"实则是"文化"的等义词。这不只是一个逻辑推论,而且也为社会发展的历史所证实。(2006-12-1,第11页)

"文化"显系人为,是二级的和派生的。[……]前现代神化"自然",现代性似乎祛魅"自然",其实那是现象的

"自然",在作为规律性、普遍性的意义上,"自然"仍是其最终的依据。(2008-1-1,第95—96页)

"文化"尽管由"自然"而来,但它毕竟经过了人的"耕作",因而便不再等同于"自然"。文化间的相异性由此而生。全球化使相异的文化相遇、相冲突,而与文化冲突必然地相伴生的则是源之于"自然"的自我申辩。若说全球化本身即意味着文化冲突,那么它同时也是意味着对"自然"的不同阐释间的竞争和斗争。(2008-1-1,第97页)

能指总无法达到其所指,这对于自然和文化问题就意味着真正的自然处于一种无法表述的状态,表述不是呈现,而是遮蔽。解构将我们的注意引向能指的"不能",引向"文化"对自然的涂抹;但舍弃"文化",我们亦不能进入自然。解构的意义在于提醒,为了回到自然,我们需要对指谓它的"文化"做不断的反思。而这种不断的反思即是对自然的执着与信仰。(2008-Z,第59页)

乱伦禁忌砸碎了我们树立在"自然"与"文化"之间的界碑,将两个一向各自为政或者相互敌对的王国合并为一。它是文化的,但文化的特殊性在这儿消失了;它是自然的,但又是人为的,是人为制定出来的禁忌系统,因而具有文化的特性。在相互对立的"自然"与"文化"面前,乱伦禁忌的归属于是成为一个问题。不过,德里达的兴趣并不在于揭示乱伦

禁忌的矛盾属性，而是借乱伦禁忌向"自然"与"文化"之对立观念提出语言学的挑战。（2008-Z，第69—70页）

德里达的"乱伦禁忌"事例宣布了"自然"的终结，一切我们所谓的"自然"都不过是"文化"的发明，如果说有"自然"存在，那也只能是一种形而上学的设定和推论。（2008-Z，第78—79页）

"接缝"表明了能指在"能"与"不能"之间或者能指与所指之间的"两难"状态。哈贝马斯对"元文字"的批判，戳到了"文字学"的"两难"：既迷恋于"解释"，又不能放弃被解释的对象的存在，无论后者是裸身的存在或是解释中的存在。这种"两难"在哈贝马斯看来可能是解构无以逃脱的死局，但在我们看来，却恰恰是解构之最具生命力的生产性和启示性的所在。对于人文科学的作用，对于启蒙主义的后果，对于哲学有史以来的真理追求，对于仍在争论不休的现代性话语的有效性，对于自然与文化问题，解构都是一份不可多得的遗产。（2008-Z，第89页）

德里达的启示在于，他由语言的批判而发起的对"自然与文化对立"命题的能指化解构，并不是要否认"自然"的存在，也许恰恰相反，他是通过"擦除"黏附其上的"文化"灰尘，通过提示"自然"之不确定性来彰显"自然"的存在。[……]德里达要我们时时谛听"自然"的寂静之音，同时又提醒我们,在返回"自然"的道路上,我们面临的是重重的"文化"垃圾。超出于威廉斯、海德格尔以及伽达默尔,解构所要坚持的是,尽管这些"文化"已经变成我们的"生活方式",我们的解释学"前见",我们的传统,但它们并不能因此就不被置疑地成为我们的生命本体,我们的"自然"存在。"自然"被"文化"无穷地"延异"着,为了回到"自然",我们就必须对"文化"进行不断的反思。(2008 - Z,第94—95页)

胡塞尔辟出的"生活世界"大可不同于、对立于甚至绝缘于科学主义、理性世界或工具理性,但不能因此斥之为非理性,实际上是理性与生活水乳交融,不分彼此。它是生活理性,而非纯粹理性。[……]抽掉了理性,生活就成了生命冲动,成了叔本华的"意志"或弗洛伊德的"本能"。为了突出理性对人的生活的潜在的组织功能,生活可以称为"生活实践"。"实践"即人的自由、自觉的活动,大的社会实践如此,小的个人生活亦复如是,因为人只能在与社会的关系中生活。(2019 - 8,第14页)

"意向性"之温暖人心的地方在于揭示我们人类所生活的世界,不是物理的世界,也不是纯意识的世界,而是外物进入了我们的意识而同时意识也统合了外物的世界。胡塞尔的"意向性"概念是直通其后期的"生活世界"概念的。(2012 - 3,第

102页)

我们已经步入了一个"赛博客"（cyborg）时代，一个"人机合体"的时代，这个时代的特点就是原本恒定的一切界线被逾越，一切似乎颠扑不破的分类原则的被打破，[……]在"赛博客"中，"自然"被"文化"化而不再存在，"文化"被"自然"化即被赋予物质现实的形式也不再存在，准确地说，不再以先前的方式或者不再独立地存在，但混合地存在于"赛博客"之中。"赛博客"是一种新的主体或身份，一种新的社会现实。（2007-5，第98—99页）

赛博客决非取消了"自然与文化"的问题，倒是以它对自然与文化之界线的凌越而凸显了二者在当代技术社会的问题性以及作为一个问题的严重性。"自然"即"本质"，"本质"即"理性"，除非我们不再运用理性，不再作为理性的动物，否则我们就将一再地探问"自然"，尽管我们永远无法得到一个标准而普适的答案。（2007-5，第100页）

赛博客现实瓦解了一切形式的二元对立，[……]赛博客现实解除了"二"，即二元论，于是也取消了"一"，即普遍主义的"一元论"。历史地说，一元论从来就假定和包含了二元论；或可换言之，二元论不过是一元论的两次述说，这在一切形式的形而上学那里都无例外。（2007-5，第99页）

没有文学的文学理论

【本组摘录以"没有文学的文学理论"为题，主要包括作者在21世纪年初对"没有文学的文学理论"这一命题的论证和阐发，以及后来对它的进一步拓展与回应于学界批评的相关说明和论辩】

我在本世纪初提出过一种描述文学理论在20世纪变化的说法，谓之"没有文学的文学理论"，［……］我说的意思是，文学理论研究从文学实践中总结出一些基本的命题，而这些命题不是要完全回到文学领域中去，而是越出文学领域，运用到广大的社会领域中，进行社会批评。我们已经接受了对文学的社会研究，我们也应当有胸怀、有眼界容纳对社会的文学研究。文学理论对社会的作用不必绕道作家的创作与批评家的解读，而是完全可以直接地介入社会，形成美学的社会研究。在整个社会愈益文本化、符号化、图像化、创意化的今天，我们尤应倡导

一种文学的或美学的社会分析和批判。(2019-1,第16页)

"没有文学的文学理论"不是不要文学和美学,而是提倡以文学的和审美的方式介入生活和现实,发展"社会批判美学"或"美学的社会批判"或"文学的社会批判"。此其一也。该命题或概念的第二层意思是对"美学民族主义"的显微和评判。[……]反对"理论"的阐释,反对来自其他文化的美学阐释,笔者称之为"美学民族主义"。(2021-Z"自序",第4—5页)

"没有文学的文学理论"不是不要文学,不是绝对地排斥唯美主义,不是不要文学去满足人们的审美需求,而是主张除此而外文学还应以文学性的和审美的方式介入生活的喜怒哀乐以及社会的变革和革命,可以是重建审美感知系统,培养对任何社会不公的敏感性,也可以是直接的生活、社会和政治的干预。(2021-3,第101—102页)

"文学理论"完全可以越出其"份",而外向地发挥其功能:渊源于文学,却指向文学之外、之外的学科、之外的社会。这绝非什么非"份"之想。[……]文学理论可以不经介入创作,而直接地作用于社会。它虽然与现实隔着创作一层,但也间接地反映着现实,它本身堪称一精神现实。(2004-3,第89—90页)

文学理论一旦其作为独立的、自组织的和有生命的文本,她就有权力向她之外的现实讲话,并与之对话。文学理论不必单以作家诗人为听众,它也可以作为理论形态的"文学"与文学作品一道向社会发言。这不是僭越,而是其职责,是文学理论作为美学、作为哲学的社会职责。(2004-3,第90页)

当前,文学理论的扩张或其帝国化已呈赫然大势:在英美语境,顺应此帝国化大潮,"文学理论"卸除了"文学",而径以"理论"自居:它内涵了"文学",又远远超越了"文学"。(2004-3,第90页)

将诗论诗学或文学理论某种程度地从文学中疏离出来,赋予其哲学的品格绝对是文学理论的大解放。没有文学的文学理论就是推促它驶出小桥流水、向生活的大海破浪远航。(2004-3,第91页)

文学理论在社会中的最佳位置就是边缘,在边缘与社会主流价值构成紧张关系,在此紧张关系上说话。(2004-3,第91页)

我们既需要"没有文学的文学理论",让文学能够跃出学科藩篱而服务于更广大的社会需求,不以文学而以人生为鹄的,也需要仅仅是"为文学而文学的文学理论",强化文学的身份意识、边界意识和独立不倚的精神品格。我们的总体目标是,使文论既成为体现时代精神的文论,也厚实其作为文学学科的文论,二者相互激荡,共创文论新天地。(2020-1)

我们不希望死守学科边界、死守孤绝的"文学性"和审美特性，将自己封闭在象牙塔内，与世隔绝、离群索居，还自以为雅致、唯美。我们自信，"没有文学的文学理论"这一"非文学性"的呼吁将为文学和文学研究开辟出更大的"理论"疆域和社会空间。（2021-3，第101页）

艺术、文学从其来源上、产品形态上都内含着外物外事、社会人生。不是我们事后再要求一个"没有文学的文学理论"，而是我们从一开始就面对着一个文学和非文学、文学之内和文学之外的对象，而作为一个创造主体或审美主体，我们本身也是一个美与非美、审美意识与非审美意识的交织、混杂的结构。要求文学发挥其社会批判功能，乃是因为文学本身就包括了社会；不是我们生硬地甚或暴力地要求"没有文学"，而是文学本身就天然地包含不是文学的"事""物"和"客体"。（2021-3，第103—104页）

"没有文学的文学理论"提出于一个日益全球化的中国语境，其相呼应的是一个"没有中国的中国理论"。中国早已不是单子式的中国，不是绝物的"独在"；中国已经内化了先前作为外部的世界，杂合了各种异质性的文化要素。中国作为大国之戏剧性和史诗性的崛起，是"改革开放"的结果，是"海纳百川，有容乃大"的结果，是文明对话和文化互释的结果。（2021-3，第105页）

文学作品作为审美经验的高浓度体现，是可以理论化为一般命题并从而直接作用于社会文化现象，即以美学精神为指导进行社会文化批评。文艺理论研究的对象也可以不是文学作品，而是具有审美特性的人类的种种活动及其成果。(2021-3，第100页)

文学作品本身便是一种理论，而作为学科的文学理论只不过是将混杂在文学作品中的原生态理论提纯、升华、科学化或学科化，使之成为一种便于学习和使用的知识。文学作品之作为理论并无什么难以理解之处：其一，文学作品是人类把握世界的一种特殊方式，我们通常称之为"审美的方式"；其二，文学作品所演绎和呈现的审美世界也常常被作为人类社会、人类生活的一种理想和尺度，具有某种乌托邦的色彩和现实批判的张力。(2021-3，第100页)

哲学本来就是跨学科的、跨问题域的，甚至可以说，哲学根本就具备学科的性质，是"非学科"，因而才会涉足和驻足于任何学科，而"理论"作为这样的"哲学"的"哲嗣"，当然也应该是跨学科的、跨问题域的，是"非学科"和"超学科"。由此而言，作为"理论"和作为"哲学"的文学理论不局限于作为关于、应用于"文学作品"的理论，难道不是于史有据、合情合理的吗?!文学理论一旦从文学作品之中被发掘或发明出来，被作为一种哲学或理论，那么它就不会满足

于自给自足，作内部之产销循环，而且也不能阻挡其他学科的借鉴和挪用。（2021-3，第100—101页）

存在即关系，关系即发声。艺术无法逃离世界，因为即使逃离也是一种返回，一种指向其所逃离的世界的立场和态度。"超凡脱俗"的艺术总是意味着对于凡俗世界的否定和批评。因此，根本就不存在"唯"什么"美"的主义，即使再绝对的唯美主义，深入揭露，最终也是介入性的，以"唯美"的方式介入"不唯美"的社会。（2021-3，第101页）

越出文学疆域的文学理论一方面可以发挥其社会批评的功能，另一方面则是演变为"社会美学"，以社会文化现象为其研究对象的美学，它并未疏离于美学，只是疏离了所谓的"纯美学"，然却获得了空前广大的作业空间。（2021-3，第102页）

"纯美学"或曰"纯艺术"信念之更深层的错误不在"美学"，不在"艺术"，［……］其错误在于天真地相信一个"纯"字。事实上，美和艺术从来都不是康德意义上的"自在之物"，文学因为其作为语言的艺术、与公共世界相通，因而就更其不是。"美""艺术""文学"毕竟是"有"的，好像就明摆在那里，拿起来便可诵可观，但此"有"乃是走出、现身于我们之间或我们的意识、感受，而作为非独立的、有内核的存在物。（2021-3，第102页）

我们并不一般地反对"文学性""审美""审美的文学",而是反对文学本质主义、审美本质主义,我们认为根本就不存在本质主义所想象的那种"本质",即作为自在之物的本质、超验的本质。从文学性和审美的形成和结构看,它们原本上就是合成的,文学包含了非文学,审美包含了非审美,是文学与非文学、审美与非审美之间的矛盾和紧张生产了我们误以为是纯粹文学性和纯粹美的幻觉。可以继续使用"文学性"和"审美"等习惯用语,但必须明白这只是习惯性赋义,而真相则为它们都是功能性的、效果性的。(2021-3,第106页)

试想一下尼采的哲学与古希腊悲剧的关系,海德格尔的"存在"与荷尔德林诗歌的关系,本雅明与大众文艺的关系,阿多诺与音乐艺术的关系,德里达与卢梭《忏悔录》的关系,波德里亚与沃霍尔艺术的关系,这些哲学家无不将文学和艺术作为其"理论"的基调,可以说,他们的"理论"就是文学的"理论",由"文学"规定了其本质的"理论"。(2021-3,第101页)

强制阐释论和公共阐释论的提出是新世纪文论界最重要的思想事件之一,是从文学出发并最终越出了文学领地,从而不再仅仅赋有文学意义而是更兼社会政治喻指和冲击力的理论命题,堪称文学介入现实的典范,属于"没有文学的文学理论"。(2019-1,第16页)

强制阐释论切中文学阐释的要害,因而也可以说它是一个尽显文学特色的理论命题。这一命题固然一方面提醒我们要以更加审美的方式贴近文学作品本身,去抚摸它,吸嗅它,倾听它,而不是用理论去骚扰它,打击它,强制它,但更重要的一个方面则是它表达了曾经作为半殖民地的中国之抗争的声音,具有后殖民的抵抗性质,即反对用西方理论或曰"东方主义"来阐释中国经验,坚持以中国特色社会主义理论来解决中国的实际问题。[……]强制阐释论是文学自主对文化自信的跨界召唤。越出文学解释学这一学科疆域,在政治上,强制阐释论从否定的方面凸显地肯定了"自信"之于中国重新崛起的无意识心理价值和文化意义。可以说,强制阐释论的提出,是21世纪以来文学理论对当代政治的一个贡献。(2019-1,第16—17页)

文化自信与关系自我

【本组摘录以"文化自信与关系自我"为题,主要包括作者围绕新时代条件下的文化建设、"文化自信",对"中国文化复兴论""中国文化特殊论""文化民族主义""文化原教旨主义"等论调的批判,以及对在此过程中所提出的"星丛对话主义""自我即对话"等命题的阐述】

一个时代有一个时代的话语体系,与之相应,一个时代也有承载和标识一个时代之话语体系的关键词或概念。如果说进入21世纪的第二个十年,或者,以党的十九大报告之定义而论,那么最近十余年,在这个以"新时代"相期许的历史时段内,最能显扬中国特色社会主义话语体系且堪称最新之关键词的怕是非"文化自信"莫属。(2021-1,第82页)

中国适时提出"文化自信"的民族文化发展战略。其核心内容是对中华传统文化的自信和自豪,但由于所有的"自性"都是从与"他性"的关系中产生的,因而"文化自信"就一定是一种以主体间性为哲学基础的文化间性,而不是中国威胁论者如亨廷顿所担忧的那种"亚洲普世主义"。"文化自信"的底蕴是儒家的"和而不同",意在达成一个文化的星丛共同体。(2017-4,第119页)

中华民族伟大复兴,不仅需要物质力量的支撑,而且也需要精神力量的支撑,需要一个我们对于自己的话语体系的自信。文化成住于"自信",坏空于"自弃"和"盲从"。凡文化,必有"自信";无"自信",则无文化。我们都知道认同与区隔在当代文化部落形成中的决定性作用,而认同与区隔在本质上便是自信。在其核心的意义上,文化即文化自信,反之亦然,文化自信即是文化。(2019-1,第17页)

面对一贯强势的西方文化,我们的文化自信还远未真正建立起来。只有经济自信、政治自信、道路自信却没有文化自信的自信将是脆弱的、易碎的,因为它没有一个深厚的、坚固的基础:文化是一个民族赖以屹立于世界的底蕴和底气。(2017-9)

在"四个自信"中,文化自信不再被放置于文化生产与分配的层级,而是被彻底地政治化,被给予与道路、理论和制度具有同等分量和价值的政治品格,且共同构成一种新的政治图景。并且在某种意义上,"文化自信,是更基础、更广泛、更深厚的自信"——这不是说文化比道路、理论和制度方面的政治更政治化,而是说在同为政治构件的前提下,文化这种政治还具有文化自身的特殊性,即它更基础,更广泛,更深厚,因为文化就是我们的日常生活,处在我们无意识的深处。(2017-9)

文化自信并非与道路自信、理论自信、制度自信平列,并非位处同一层级,而是沉降在政治的最基层,托举所有的其他自信,从而也可能涵括了所有的其他自信,即是说,所有其他的自信都融合在文化自信之中。这当然又是由文化自身的特性所决定的。文化是基础性的、整体性的、包容性的和弥漫性的。无处不文化!或者说,没有什么不是被文化所穿透或环绕的。(2017-4,第120页)

"文化自信"这个术语前面有一个不言而喻的定语,就是"中国特色社会主义"。我们谈论文化自信,其确切含义就是对"中国特色社会主义文化"的自信。[……]中华民族伟大复兴是一项宏大的综合性工程,它需要中华优秀传统文化的支撑,也需要借鉴各种外来文化的有益经验和智慧,以成功地创造出能够适应新时代发展的新的文化。借用习近平总书记的术语说,这种新文化本质上就是"现实文化"和"当代文化",是从中国大地上生长出来的、反映中国人民真实需要的表意体系。[……]在人民面前,无论是传统的中国文化,抑或是西方文化,无论多么优秀,都不可能是主体,唯有人民才是文化的主体和主人,任何文化资源都是它的"用",为其所用。(2019-8,第20页)

只要我们坚持自己的现实本位立场,坚持古为今用、洋为中用这一"用"的原则,并且能够理解到,从使用的观点看,一切文化,无论中国自己的文化遗产还是作为舶来品的西方文化,都是资源,都是话语,那么所谓"中西文化二元对立"的说法将不攻自破。(2017-1)

"现实文化"与"传统文化"之分就是在文化上的古今之别:"传统文化"是古代文化,"现实文化"是"当代文化"。[……]当代非空洞的时间,现实就在其间,而且正是由于现实之充塞其间,我们才似乎看到了时间的形象,因为时间不过是事物的变化,没有事物的变化便没有时间。现实也必须在时间中展开,现实包含着时间这一维度。正是因为有了时间,现实才是活的现实,动态的现实。(2017-1)

只要说到"当代""现实"也就是在说"当代文化"和"现实文化"了。"当代"的特点是共时性,意味着古往今来人类一切文明成果的会聚,会聚于当前的时刻,并在相互的作用中一起呈现出来,构成我们看得见、摸得着的"现实"。反过来说,"现实"则是一切既往的东西、不在眼前的东西在时间中的"实现"和呈现于眼前,是"历史"的延续和复活,

是"他者"的移/异地而生。也即是说,"当代文化"和"现实文化"具有实践的品格。(2017-1)

要从文化自信到赢得文化他信,在总体战略上我提倡"星丛对话主义"。我们要以对话主义精神来理解弱势文化对差异的标识、张扬,认识到"差异即对话"。(2019-8,第23页)

文化一旦脱离其语境,便不再是有生命的文化,而是成为抽象的话语,但唯有作为抽象的话语,文化才能被移植、挪用、借用,它是作为"死"的话语在新的语境里重新获得生命的。进入新语境的文化不再是其自身,而是与其他文化资源有机融合,形成的一种间性新文化。文化从一开始就是间性的,没有纯粹(即单一来源)的文化。在多元构成的文化中、在"文化星丛"中,我们很难区分何者为体、何者为用。(2019-8,第20页)

我们对文化星丛的假定:特殊性不是一个拒斥他者的概念,而是通过凝聚和凸显自身特殊性而使之成为一个可供交流的标识,即说到底,特殊性是一个交流和对话的概念。[……]我们不是在国际上推行任何一种文化普世主义,而是发扬文化星丛之精神,即携带其特殊性而进入星丛,那么文化之间的冲突便可能转化为 种交流与对话的关系。(2017-4,第123页)

在"星丛"的意义上,习近平总书记倡导构建"人类命运共同体",标志着中国后殖民思维的终结和"新世界文学"的开始。"共同体"的核心在于交流、联通、共享,它不是传统意义上的"霸"权、"集"权、"专"制,相反,它由彼此独立而又互相接合的各种实体构成,呈"星丛"之状,是相关、互动、应和,是哈贝马斯的"交往理性"或"主体间性",是孔子的"和而不同"。(2019-8,第21页)

构建"人类命运共同体",不是要放弃民族立场、民族本位,而是要以我们民族的"独在"协商于他者的"独在",相向展开自身,接受彼此的凝视和阐释。(2012-3,第106页)

如果说文化自信不仅是对自身文化传统的坚持,也是为更好地坚持即丰富和发展这一传统而对他者文化之有益成分的汲取,以此而营养和强壮自身,那么文化自信也就必然意味着一种文化间性、主体间性或文化的主体间性。(2017-9)

我们的自信不是夜郎自大的自信,而是"文化自觉"以后的自信,是自觉且亦觉他即文化间性的自信。(2017-4,第126页)

建立在文化间性或曰"和而不同"基础之上的文化自信已经远远地超越了长期困扰中国思想文化界的中西二元对立思维模式。(2017-9)

我们的目标是顺应全球化的客观大势,做全球化的捍卫者和引领者,积极构建人类命运共同体。它不是传统意义上的共同体，而是一个被重新界定了的共同体，即一个被星丛化了的共同体。在其中，我们敬重差异，敬畏差异，与差异始终保持不即不离的间距。借用中国古人的话说就是，唯有"合异"，才能得到"和羹之美"。这里"合异"也即孔子"和而不同"之"和"。此"和"乃"应和"而非"迎合"。"应和"留有与他者互动的空间，"迎合"则是完全的"合一"：或合一于他人，或强迫他人合一于自己。(2017-4，第124—125页)

"和而不同"是"大同"，"同而不和"是"小同"。"大同"是"天下"之大同，"小同"是"小人"之苟同。"天下大同"不是消灭了一切差异的同一，而是一切差异仍然存在但均处于"太和"之中，即和谐相处。在此意义上，"天下大同"便是"和而不同"。(2017-4，第125页)

以孔子"和而不同"为志趣的"人类命运共同体"，凸显了习近平总书记所表达的当代中国人的"文化自信"的最高旨趣。它将打破世界主义、普遍性、共同体、世界文学等那长久以来被单极化、单一化了的意指，而赋予其多元、复数、间性，但同时又不失"应"、不失"和"即动态性的相互联系的新蕴涵。我们的文化自信就是敢于"和而不同"，敢于"合异"，敢于"交流互鉴"，敢于与其他文明合奏一部走向未来的交响曲。(2017-4，第125页)

一个充分的文化自信不仅包括对本民族传统文化之当代价

值的自信,也应当包括对于外来文化之有能力予以创造性转化和创新性发展、从而为我所用的自信,这是"有容乃大"和"拿来主义"的自信,是对自身消化吸收能力的自信。文化自信是及物的,是及于他物的。在文化上闭关锁国、唯我独尊决不是文化自信,相反,是文化自卑。(2018-3,第52页)

要正确理解文化自信,关键在于正确理解一个"自"字,即正确理解什么是文化自我和文化特殊性。[……]文化自信"信"什么?当然是信"自",是对"自身"的信心与骄傲。但"自""自身"又是什么呢?对此,习近平总书记指出,文化自信就是对于"中国特色社会主义文化"的自信,这种文化绝不停留于一种观念或话语的形态,相反,它"植根于中国特色社会主义伟大实践"。由于其实践性品格,由于其从而被宣示的"不忘本来、吸收外来""和而不同、兼收并蓄"以及"尊重世界文明多样性""文明交流""文明互鉴""文明共存"而非"文明隔阂""文明冲突""文明优越"等基本原则,这样的文化当然也是"立足当代中国现实,结合当今时代条件"而"创造性转化、创新性发展"了包括外来文明成果在内的一切人类文明成果的,是本来文化的当代化,是外来文化的在地化,是作为话语的人类一切优秀文化的具身化和现实化。(2019-4,第2页)

如果"文化自信"仅仅止步于所谓的"自"字,止步于自我和主体性的营构，那么这或许正确的第一步也将变成一个错误。重要的是第二步，将自我、主体性等置于与他者和客体的动态链接之中，并从而进入后者的视域，获得其敬重、接受和承认。在此意义上，文化自信将不再是唯我独尊、顾盼自雄、舍我其谁，而是一种特殊性，即被异质文化所看见了的特殊性，因而具有普遍性。（2017-9）

"文化自信"的核心是"自我"的文化，是具有自身特色的文化。但是，任何"自我"都不是自我形成、自我圆满的。自我是一种结构，一种话语，必须借助于一个外围的"他者"来完成其自身的叙述和建构，因而"文化自信"就必然涉及如何看待外国文化或异质文化以及因为他者的出现而如何重新打量和定位自身的问题。（2017-9）

文化自信不是没有自我的他信，而是在充分地认识到与其他文化之关系，即于文化星丛中确立自身位置而后的自信。自我文化具有特殊性，但此特殊性只能在文化星丛中显现出来。通俗言之，特殊性是比较和对照的结果。（2018-3，第52页）

如果说从前的文化自信是后殖民的文化自信，是抵抗性的和二元对立性的文化自信，具有情感的合理性和历史的真实性，那么新时代的文化自信则应理性地、包容性地成为间性文化自信，其中的对话原则同时将义化特殊性作为本体论的存在和认识论的存在。一句话，文化自信是自我开放的对话性自

信。(2019-4,第16页)

文化自觉是文化自信的基本前提,说到底就是要解决"认同谁""向谁认同"的根本问题,同时还需要理性思考人与自然、人类生存文明体之间的关系。文化自信是对包含着传统文化及其新变的"中国特色社会主义文化"的自信,它以推动构建人类命运共同体为指归,强调不同文化之间的交流互鉴。(2019-8,第10页)

文化自信要想变成一种更基础、更深沉、更持久的力量,必须以我们对文化传统的清晰认识、明确估价为前提。文化自信是对本民族文化的执着、迷恋、自豪,是文化爱国主义,但同时也是对本民族文化与其他文化进行比较、审视、定位的结果,是文化理性主义、文化世界主义。(2019-8,第12页)

文化的话语以及话语实践维度之所以重要,只是因为它附着于生命,是生命的表征。因此,我们不能抽象地谈论继承和发扬中华文化传统,而是要立足于当代文化之现实需要来取其精华,去其糟粕。文化复古主义者忘记了其脚下的大地,其实质是形式主义和教条主义。(2019-4,第4页)

文化自信不是文化复古主义,不是现象学还原,它要求对传统文化做创造性的转化和创新性的发展!文化自信不是文化排外主义,它同样也是对外来文化的创造性转化和创新性发展!(2018-3,第51—52页)

中国文化复兴论本质上是自我中心主义。无论其为自恋型、自卑型或自大型，其共同特点都是阻断自我与他者的联系。自恋、自卑型是龟缩于自我，自大型则是自我膨胀，在它们的世界里均无他者的位置。（2019-2，第69页）

"中华民族伟大复兴"不等于单一的中国文化之复兴。中国文化复兴论或特殊论是旧时代的后殖民思维进入中国特色社会主义新时代，我们需要放下中国文化复兴论，阐扬特殊性或差异性的话语性之交往性维度，致力于人类文化共同体的建构。（2019-2，第63页）

中西文化二元对立思维是一种将中华文化仅仅限制在特殊性层次上的思维，而不知道既往的中华文化既是民族的也是世界的，既是历史的也是当代的，即是说，不知道中华文化既是特殊的，也是普遍的，是全人类的共同财富。中西文化二元对立思维是自我矮化的思维，不仅妨碍中华文化的世界性作用的发挥，也阻碍我们生活于其中并不断对之加以创新的当代文化对全球文化的建构。（2017-7，第18页）

文化确乎是特殊的，是在一定的地域中生活的人们所建构起来的生活方式以及支撑这一生活方式的价值、精神、信仰和制度。但是，文化特殊性以及由此而形成的文化身份并非一开始就是特殊的，任何一种文化从其起源处便是混杂、融合的结果，西方文化如此，中华文化亦非例外；而且文化也是流动的，在其发展过程中，它总是不断地为我所用地汲取外来文化营养。文化不挑食，它是杂食者，故能成其葳蕤。（2019-4，第6页）

我们承认文化的特殊性，而且还坚持文化特殊性是文化对话的前提或必要条件，在这两点上，我们的立场与文化复古主义没有什么不同。我们与复古主义者的分歧在于：复古主义者逡巡于特殊性，将特殊性绝对化、先验化、单子化、神秘化、神圣化、禁忌化，不敢越雷池半步，于是其特殊性成了独断论的、僵尸般的特殊性。而我们则以特殊性为起点，将特殊性移置在能动自我和结构自我这一双重变奏的理论框架之内，从而使特殊性变身为流变不居、开放性、互文性和对话性的概念了。（2019-4，第7页）

讲好中国故事不是讲好中国文化的特殊性，而是讲好中国文化对于世界的意义，讲好中国文化对推动构建人类命运共同体的特殊价值。（2019-8，第21页）

别了，中国文化复兴论，你属于旧时代！新时代需要新思维，即超越了中西二元对立思维、画地（自我）为牢的"全球对话主义"。自此以后，我们不要再轻言"中国"文化复兴或者本体论的中国文化特殊性等过于后殖民、狭隘、小我等论调，那不是强者的文化自信，今日中国的眼光是拥抱整个世界！真正的文化自信要为解决世界问题乃至人类问题提供中国

智慧和中国方案！（2019-2，第69页）

外位自我实乃对话自我，它要求文化自信必须成为一种间性自信，一种对话自信，即一种文化对话主义，其中既有自我的存在，也有他者的进入，二者共同创造了一个事件性的空间，文化从而得以更新和发展。依据巴赫金外位性理论，文化自我或文化特殊性是要通向对话的，甚至也可以说，是为对话而存在的。此乃打开流行格言"越是民族的，便越是世界的"的正确方式。（2019-4，第16页）

河东河西论所表现的民族文化自信并非完整意义上的文化自信，甚至严格地说，根本就不是文化自信。一个真正的文化自信既不偏爱本民族文化，也不排除异质文化，而是立足于当代文化和现实文化的需要，具有本来文化和外来文化进行创造性转化和创新性发展的气度和能力。（2018-3，第51页）

河东河西论表达了一种民族主义的情绪，是文化民族主义，而非深思熟虑的理论成果。其问题不在于其立论的依据，即学界对于东西方文化差异所达成的某种共识，以及由此共识而展开的对于现代性的那种颇具后现代意趣的忧虑和拯救；问题主要在于将东西两种文化截然对立起来。我们愈是紧握河东河西论不松手，愈是无法实现河东河西之翻转的梦想，无法迎来所谓"中国的世纪"。只有抛弃河东河西论，才可能通向其所指示的光辉前景，即完成以中国为代表的东方的文化复兴及其对世界的主导。中国的崛起不应是河东河西论复仇般的对从前压迫者的压迫,而是国家间、文化间的和而不同,是一个星丛共同体的出现。(2018-3,第54、56—57页)

文化民族主义不是真正的文化自信,不是全球化时代中国之立身于世界并有效地参与全球治理所应采取的态度和立场。那是我们的后殖民情结,尽管不乏其历史的合理性,这历史就是中国被半殖民地化的过程,充满了血和泪、因而排外的冲动和自尊的敏感;不过,星转斗移,今天也该是与之相揖别的时候了!(2018-3,第64页)

季羡林守持文化民族主义,汤因比则高扬世界主义大纛。汤因比确乎明白无误地说到中国之将统一世界,但这样的统一世界必须接受一个根本性的界定,即"世界主义"的限定,统一的含义将因之而发生质的改变。它不是东风压倒西风那种性质,一方趾高气扬、专横跋扈,而另一方则奴颜婢膝、唯唯诺诺。它也不是河东河西一类,轮流登场或退场,有我无他、不共戴天。相反,其图景是一切不同的民族或文化都共在、同处于一个差异而和谐的星丛之中,在其中差异被留置、坚持和宣扬,从而在此星丛共同体中标识其独特的存在,但所谓标识差异实则是为了方便他人之辨识,此辨识属于对话。(2018-3,第60页)

在实践面前,一切话语资源都没有资格妄称"本位",它们都服从于"本位"。唯有实践才配称"本位"。若是错置了"本位",将中国文化尊奉为神圣不可侵犯的"本位",例如张岱年先生,未及创新便先已决定"要使中国文化仍保持其特色的文化",那么无论如何地"综合创新"都将不过是综合守旧罢了。同样,若是以西方文化为"本位",那结果便是综合西化了,其间中国文化即使不被西化掉,也至多是作为西方文化的点缀。实际上,作为话语资源的中西文化都不能实现自身的完美克隆。要建设一种新文化,我们不能本末倒置。因为,实践是本,文化资源是末:无问西东。"西学"不是"本"/"体","中学"亦非"本"/"体",它们都是"本"/"体"之所"用"。(2019-2,第66页)

"中华民族伟大复兴"不等于"中华文化伟大复兴"。[……]中华民族伟大复兴并不带来其传统文化之复兴;相反,它将带来对其自身文化的扬弃和超越,带来对各种文化资源的超级融合,是一种新的"文化拓扑学"的出现。(2019-2,第68页)

中华民族伟大复兴不是民族主义性质的复兴,不是对世界霸权的追逐,不是新帝国主义,我们的目标是构建人类命运共同体,是为解决当代世界问题乃至人类问题提供中国方案、中国智慧。与此相应,在文化上,我们不追求文化帝国主义,即以中国文化统一世界,我们的目标是创造人类文化共同体,这就是在共同利益中或利益链接中创造文化的"和而不同"或"在异之同",即各种差异之间的相互认知、应和、表接和包容。如果我们自甘、自得于自身的特殊性,以特殊性为至美,并以此拒绝与外部世界的交往与协调,我们就是自绝于世界,更何谈在全球治理中发挥积极作用?(2019-2,第68页)

在中西文化之间,或者在西方与非西方文化之间,株守和标榜任何一方的特殊性或优越性都是弱者或即将滑落为弱者的表现。也许亨廷顿之捡拾西方文化的特殊性而丢弃其普遍性有其策略上的考虑,西方文化未必会自甘于边缘化的,但对于当下的中国来说,我们需要的是兼取了特殊性和普遍性或者由特殊性而过渡到普遍性的文化自信,自信于我们自己的实践着的当代文化和现实文化,自信于我们自己古老文化的当代价值和对于当代世界的价值。(2017-9)

莎士比亚说过,弱者,你的名字是女人。现在我们想说,弱者,你的名字是特殊性。在国际文化体系中,究竟谁在谈论特殊性呢?基本就是一些弱者、弱势群体。现在中国的国际地位大幅提高,在这种情况下,中国能不能提供一种新的、普遍的价值,或者说对世界的普遍的话语体系能否有所贡献,将取决于我们如何对待过去一直所强调的特殊性问题。中国要成为一个全球性的大国,不要过分强调自己文化的特殊性，而是要强调我们特殊的文化对世界的普遍性文化能够做出哪些贡献。我对普遍性有一个看法，它不是一种僵硬的东西，用文化研究的概念描述，它是一种表述，是一种连接，是特殊性和普遍性建立的一种动态关系，一种对话关系。(2015-1-1)

由于特殊的历史和体验，多半与心理创伤有关，我们一直讳言普遍性，我们将普遍性让与了西方，同时我们一直声张特殊性，把特殊性留给了自己。我们不知道，歌德和马克思所说的"世界文学"或日益居于当代学术话语中心的"全球文化"，其实并非一具体之文本，它们意味着一种地方间性，是各个民族文化之间的相互沟通和欣赏。(2017-9)

我们需要强调民族性，但是，这还不够，我们应该在坚持民族性的同时，让其介入世界。与那些扎篱笆、砌围墙、拒世界文化于国门之外的保守主义和民粹主义不同，我们所强调的民族性是世界文化星丛中的民族性，而唯如此，我们才能够声言"越是民族的越是世界的"——我们的意思是：第一，民族进入世界并从而参与了世界的构成。第二，民族在世界中显出为民族，即是说，民族的特殊性为世界、为进入世界的其他各民族所给予（特殊性出现在与他者的相遇之时）、所认知（特殊性是一种认识论现象）。这种特殊性越是突出，则说明越是为世界所看见和接受，而被看见和接受了

的特殊性便是普遍性。特殊性从民族的实在中生长起来,并在其他民族的目光中浮现出来。(2017-9)

中国社会主义核心价值观不是对传统价值的复制,也不是对西方价值的移植;相对于中国社会现实的需要,中国传统价值和西方价值只是打造这一新的价值的原材料罢了。鲁迅有著名的"拿来主义"之论,其底气不是来自于现在常说的"文化自信",而是那种强烈、强大、鲸吞一切的现实需求,是"需求自信"和"生命自信"。一种价值的合理性不在于它从哪里来,而在于它是否能够满足当前生活的需要。价值面向的是生活,而非价值。价值不重要,重要的是人们怎样去生活。当人们的生活被现代化、被全球化时,固守民族主义的价值不过是一种空想。(2015-7,第60页)

民族主义有两种,一种是消极的、防御的、区别性的,着力凸显其不可被整合的民族特殊性、差异性,另一种是积极的、进取的、特优的,既凸显其民族特殊性和差异性,又将这些文化个性文明化、优势化。中国的民族主义属于后一种,中国从未有过民族意识/主义,它只有"夷夏之辨"。这种民族主义具有演变为种族主义的可能,但由于中国人特别重视以文化人与和而不同等观念,中国的种族主义将是对话性的世界主义。(2018-3,第64页)

民族主义在中国的一个错误,是将传统与现代的对立当作中西对立,用空间思维代替时间思维。[……]如今中西方的差异远小于传统与现代的差异,因而与其说中国社会被西方化了,不如说它被现代化了。西方价值作为重建当代中国价值的主要资源具有现实的合理性。可以认为,西方价值不是西方的价值,它是现实的价值、现代的价值。换言之,它不是地理学的,而是时间学的。从时间学的角度说,"现实"不过是被时间所钩织的实在。现实在其本质上是时间性的即流动的。随着现实的发展和变化,随着"现代"变得不再现代,西方价值必将不再是那曾经的西方价值。(2015-7,第60—61页)

民族主义本质上是一种二元对立思维,在中国是中西二元对立,它坚持中国文化的特殊性和不可通约性,而拒斥、抵抗西方的文化和文化霸权。这种思维方式如果说从前有其必然性和合理性,因为弱者的强大在于其特殊,强调弱者不可整合的特殊性是打破普遍性专制的不二法门,那么在全球化的今天,在中国日益成为全球性大国的新时代,它则变得不仅有悖情理而且实践上非常有害:它将中国绑缚在弱势、另类和边缘的位置上,阻碍其参与国际话语体系的建构,从而在国际斗争中出师未捷"埋"先输。作为对二元对立思维的一种替代方案,"价值星丛"理论将各种价值符号之间的关系视作一种动态的对话,它们彼此界定、阐释、探照而绝无压制和臣服。在价值

星丛中，各民族的利益将获取最充分的实现，其文化特殊性亦将得到最充分的展现。(2015－7，第59页)

没有什么所谓的"中国价值"，而只有符合中国人实际需要的价值，因为"中国价值"总是处在中国人的实际需要的永恒变动之中。(2015－7，第62页)

社会美学和媒介美学

【本组摘录以"社会美学和媒介美学"为题,主要包括作者围绕"社会美学""媒介美学",对于与之相关的"美学资本主义""社会审美主义""日常生活审美化""消费社会""审美泛化""泛美学""形象""拟像""图像增殖""思想的美学""图像的美学"等话题的论述】

美学的前途在"社会美学",以社会为对象的美学。这是由文化研究提出来的命题。(2009 - 3 - 2,第 55 页)

英国文化研究的一个主导性问题,就是文学研究与文化研究的关系问题。文学研究与文化研究之争涉及的是"文学"与"社会"的关系问题。由于媒介在"现代社会"中所发挥的巨大作用,这个问题又可转化为媒介研究与文学研究的关系。印刷媒介造就了机械复制时代的大众文化,电子媒介更是

将大众文化推向图像时代。文化研究现在应该关注美学与媒介的共性关系。(2011-1-3,第5—6页)

一切都要从媒介说起,一切都要从媒介获得解释。犹如"资本"曾经是理解19世纪社会的一把钥匙,如今媒介则成为把握我们这个时代的超级方法论!(2014-11,第29页)

马克思是19世纪的"硬件人",其全部思想都是建立在"硬件产品"的生产和销售上,他想象不到20世纪最重要的商品是无形的"信息"(information)。(2019-Z,第80页)

信息类似于从前所谓的"真理"或"求知",但真理和知识均具有绝对和终极的意味,而信息则是流动的、变化的、瞬间的,没有目的或信仰。信息以信息自身为目的或信仰。信息求异,真理求同;信息逐新,真理趋返。(2014-6-3,第45页)

印刷时代不是没有"美学",有的是具有不同于电子时代的美学,是"思想的美学"。这是一个悖论性的说法,它之所以成为悖论,是由于资本主义自身的悖论,由于"资本主义的文化矛盾",即理性与感性的对峙和冲突。[……]电子媒介或者如波兹曼所聚焦的电视媒介,在印刷媒介所创造的"思想的美学"之后,复活了"图像的美学"。(2010-6,第95页)

"美学资本主义"或者"文化资本主义",即资本主义内在里就含有美学或文化的维度。它完全不同于我们传统上所谓的"文化"和"美学",它不需要指称,不需要任何现实的内容。资本主义的哲学从来就是最小的物质代价获取最大的物质利益,其中的捷径便是文化、美学或者符号。(2010-3,第11、27页)

"社会美学"不是美学自身的运动,其驱动力既非来自艺术美亦非源于社会美或生活美之发于自体内在需求的自然扩张,而是外于它们、外于它们活动在其中的二元对立结构,简言之,真正驱动其发展的是一全然的外力,这个外力就是波德里亚所谓的"消费社会"。(2006-12-1,第14页)

"社会美学"不在艺术及艺术史自身的范围内说话。诚然它也谈论美学,但是其兴趣并不在艺术的自主性及其迂回的批判战术。它关心的,首先是"美学的社会化",即美学积极地参与社会建构,以致使社会在某种程度上成了美学。(2006-12-1,第9—10页)

"社会美学"的逻辑并非如此简单,现代性理论也不能作为"社会美学"的唯一逻辑。最深刻的原因是,"美学"与"社会"本身的发展以及相应地它们在概念上的变化正在使之一步步地逸出现代性逻辑,于是一个"社会美学"的新逻辑在对现代性逻辑的扬弃中开始呈现出来。(2006-12-1,第8页)

商品社会并非不生产个性,但生产个性的目的则是为了消灭它。坎贝尔商标以及其他各种精心设计出来的商标,之所以需要独特,是为了通俗和流行,为了有能力无限地复制于人们的消费欲望之中。这就是说,独特的价值在于它能否演变为流行的独特,一种伪独特。所谓时尚,就是伪独特。(2005 - Z,第40页)

如果说"社会审美主义"是乌托邦的、浪漫主义的,可情动、可理喻而不可征之于实,因而是遥不可及的,那么"社会美学"则是现实主义的,它认定眼下的社会现实正在经历一场重大的美学转换运动。(2006 - 12 - 1,第14页)

消费社会是自然的丧失,是个人性的磨灭。[……]在符号所标记的消费社会,我们通过消费活动来满足我们的实际需要,不过这种需要一旦被整合进一个远远超越它之上的符号系统,便不再能够继续维持其本然的个性存在了。它被纳入一个系统,一个结构,一套语码,而成为其中的一个元素。(2008 - 1 - 2,第48—49页)

"消费社会"即"符号社会",而一个以符号为主导的社会实质上也就是"美学社会"。(2006 - 12 - 1,第15页)

任何符号诚然对于具体之事物都是一种抽象,但抽象并不等于抽象了事物,相反恰恰是由于其作为抽象而浓缩了尽可能多的事物真实,这就是黑格尔所说的"概念"之丰富性、之能够作为"一切生命的原则"。(2007 - 5,第97页)

电子媒介将消费社会的"物符"化发展为图像化,而且通过图像化而接合了大众文化的视觉性传统，把"物符"化提升到社会无意识即一个更加深入人心的新阶段。由于电子媒介发自其本性的推助，以"物符"为主导的"符号"美学才终于真正地将自己伸张为社会性的。（2006-12-1，第16页）

在韦尔施、波德利亚、费瑟斯通等理论家中存在着一条或显或隐的思想主线，即将图像增殖作为审美化的推动力量，是谓"图像学路线"。循此路线虽然未必能够走出"审美化"的雾障，但它显然已指向了商品与形象—美学的内在关联。一件商品不仅是实体性的，而且也具有并不必然归属于其实体的、飘离的形象。（2012-2，第99页）

"形象"的表象性质将最终揭开"形象"何以其本身就是美的或者可见性的形式何以直接地就是美的谜底。"形象"之为美的原因，就在于它表象和呈现"既有之物"和"存在者"，即我们的世界和我们自己，因而它先于观看者而规定了看与被看、呈现者与被呈现者之间的认识论距离，这也就是说，"形象"即意味着距离，而距离即美，即文学。（2005-Z，第66页）

任何商品都代表着某种人文状态，因为商品早在被实际地生产出来之前就已经给予了某一消费群体，它将是这一群体之欲望、之价值观的物化形式。（2005-Z，第62页）

图像无处不在，并且主宰了整个社会的文化风尚和审美习俗。任何事物，要存在，就要以图像的方式存在；要更好地存在，就要更好地委身于图像的专制霸权。"图像法庭"取代了启蒙时代的"理性法庭"；一切，甚至连"理性"，都必须在这个新的法庭上申辩其存在的理由，否则就得放弃其存在。(2010-6，第96页)

是图像之充斥于现实并取而代之，是图像之空无所指，通过改变艺术生产的语境，通过铸造一种所有其他艺术不得不转而仿效的新的艺术典范，造成了艺术以及以之为对象的美学的这一图像化转折。(2010-3，第10页)

相对于图像，真实可有可无。举凡一切，"是"什么无足轻重，重要的是"像"什么、"看起来"怎样，认识论挤走了本体论。波兹曼的"娱乐化"不需要什么本体论，如同波德利亚的"审美化"，对它来说美与真实无关；甚至也许可以说，一个形象愈是空洞无物，则愈是美丽诱人。(2010-6，第97页)

意向即客体，没有空洞的意向，也没有任何不在意向中的客体。同样道理，"图像"即"世界"，图像不是媒介，它本身就是世界，是世界的存在方式。(2012-2，第106页)

由于艺术的增殖、图像的增殖、美学的普遍化，那个支撑传统艺术、美学和图像的二元对立图式便被"内爆"了，现实或任何其他指涉物被悉数撤除，唯有能指在漂浮着，这也就是说,一切都成了艺术、美学和图像。在这一意义上,波德里亚宣布"艺术消逝了",艺术转身为另一类别,无所内涵,无所指涉,空空荡荡,于是我们进入了一个"泛美学"的时代。(2010-3,第9—10页)

"模拟"是对一个模型的模拟,作为其产品的"拟像"也就不再有所指涉,不再作为某物的"表征",它是"无物之词"。[……]"拟像"从来就自诩为比原本更原本、比真实更真实,由此"拟像"就成了如今没有现实性的基本现实。(2008-1-2,第49页)

所谓"审美泛化"不是指形象在一个社会所占份额之增加的问题,而是由份额之增加所引起的质变问题,即是说,现代性的"有意味"的"形象"在消费社会跃迁为后现代性的"拟像"或"景观"。与"形象"不同,"拟像"无视虚构与现实在"形象"那里的传统界线,而是蓄意地以其虚构充任全部的现实。(2005-Z,第59页)

在媒介社会,拟像是我们的全部生活,社会"景观"膨胀为"景观社会"。(2005-Z,第60页)

"艺术"终结于"拟像"之中。"审美化"就是"拟像"的审美化。(2010-3,第11页)

"拟像"之外无世界,"拟像"之外无"艺术","拟像"的"审美化"是消费社会唯一的"审美化"。波德里亚不是说

— 95 —

消费社会再无"艺术",而是强调,一切从前所谓的"艺术"或"艺术"活动都将皈依于"拟像"的逻辑以及这一逻辑所主导的"审美化"。(2010-3,第11页)

"拟像"不是"艺术",而是为了使人忘掉生活,忘掉现实,将一切真实的东西都虚化为"艺术"。随着作为指涉物的现实的消失,即在一个"普遍的审美化"中,艺术、美学以及以之为基础的图像亦不复存在。(2012-2,第101页)

对波德里亚而言,"形象"并非自来就是"拟像",它有一个历经几百年的蜕变过程。[……]但对波兹曼来说,图像自始以来就具有"拟像"的性质,因为与文字不同,图像不说它"代表"了现实,它咬定它就"是"现实本身;图像不展示概念;它们展示事物本身。(2010-6,第97页)

在波德里亚那里,消费社会是一个符号的社会,这是其前期的观点,但更切本质地说,是一个符号控制的社会,结合后期的观点,是一个为"模拟"和"拟像"所凸显、所剧烈化的符号控制的社会。(2008-1-2,第49页)

面对"拟像",面对它对现实、对历史的真空化,面对商品语法对它的暗中操纵和挪用,文学被置于双重的死地,因而其对自身的坚持和伸张也应该是双重性的:第一,恢复"形象",也就是恢复"形象"的现实指涉,使它有负载、有深度而意味隽永;第二,揭露商品语法对"拟像"的阴谋利用,以纯粹之审美追求对抗资本主义无孔不入的商业化。一句话，戳穿拟像/意识形态的欺骗性，将是文学及其理论一项伟大而庄严的社会使命和审美使命。［……］虽然反意识形态的文学行动常常是一幕幕的悲剧，但文学决不因为惧怕什么而最后放弃自己的本位和努力。（2005-Z，第69—70页）

波德里亚宣称的"艺术的终结"不是泛泛之论，而是被他赋予了一种具体的历史意味，即"艺术的终结"在他意味着一个现代性"艺术"观念的终结，由此"艺术"将步入一个后现代的"泛美学"的新时代。（2009-3-2，第57页）

波德里亚并不把图像化增殖仅仅视作图像在量上的单纯增加，他提醒我们的是图像在其根本性质上的变化，即以有所指、有意义向无所指、无意义的转换。图像增殖的结果是他所谓的"拟像"。（2010-3，第10页）

技术在波德里亚这里，实际上就是意识形态，即在虚假意义上的意识形态。它使人不再能够真实自然地"言说"，而是纷纷认同于一种被抽象出来的"语言"系统，它如果不是虚假的，那至少也是远离于真实的言说和自然的欲望的。（2008-1-2，第50页）

所有符号都是认识论的表象，美即发生于这样的表象之中。甚至，由于表象在始源上对美的决定性，我们完全能够说，表象即美，或美即表象。［……］任何符号，无论形象的抑或抽象的，本质上都是对物的"表象"或"再现"，都是由我创造且亦为我的"可见性"。由此而言，一个符号的社会就是一个"看"的社会因而是一个美学的社会。（2006-12-1，第16页）

"审美泛化"已成为当代社会理论家把握现代化进程的一个重大命题，在中国文论界和美学界其相关讨论主要围绕"日常生活审美化"而展开。（2012-2，第99页）

如果说"表层审美化"的关键词是"泛化"（universalization），即审美化无时不有、无处不在，那么"深层审美化"的关键词则是"基础化"（fundamentalization），即审美化之对现实的根本性重构。现实不再是现实的，而是完全而彻底地审美的。（2012-2，第99页）

从电影"形象"到电视"图像"，这实质上就是一场图像学的独立运动，即从语言学的"意义"殖民的统治和压迫中独立出来，或者就是"画"对于海德格尔所意谓的"诗"的独立，以达到一种绝对的画面性。（2005-Z，第44页）

什么是真实？人们想当然地以为就是那实际存在的或实际发生的，所谓"眼见为实"者是也。但是，"眼见为实"只是最浅直的现实。真正从身处支配我们真实观的不是"眼见为实"，而是"思考为实"，即只有经过"思"之"考虑"即分析、综合的事情对于我们才算是真实的。（2005-Z，第154页）

由于电子媒介的迅猛扩张,尤其是其无穷的图像生产能力,如果说印刷以复制文学符号为主的话,符号的美学在电子媒介时代就主要地表现为图像的美学,巴特所一般而论的"符号"被波德里亚凸显为图像符号和由此而来的"日常生活的普遍的审美化"。(2009-3-1,第61页)

"日常生活审美化"是"现代性"的必然后果。对于"现代性"有各种界定,"启蒙理性""工具理性""主体性""对传统的发明""民主""科学",等等,各有意义,但都未说到点子上。还是马克思一针见血:"商品"包含了现代资本主义社会的全部秘密。对于马克思主义者来说,"现代性"就是"商品化"。〔……〕商品化本身蕴含着"审美化"。"日常生活审美化"已今非昔比,它被"商品化"定义为"现代性"的一个后果。它如果不是一直被误解的"审美现代性",也是"现代性审美"——以"现代性"为其核心的"审美"。因而在我们看来,"日常生活审美化"将成为一个对现代性进行反思和批判的后现代概念。(2009-9)

尽管对于挖出商品作为审美化之终极而言,图像增殖只算是一个初步的收获,但它已经将我们引向商品的构成。一件商品不仅是实体性的,而且也具有并不必然归属于其实体的、飘离的形象。一个真实地反映了商品之实体的形象并非商品之本质性所需,毋宁说,商品追求的是形象的膨胀、溢出,形象对

于商品实体之尽可能无限的超越。(2012-2,第105页)

艺术家的艺术永远是精英主义的,"审美"是绝无什么"现代性"的,它一贯就是那反日常、反社会的桀骜不驯的姿态。在艺术史自身的发展路线上谈论日常生活的"审美化"或"审美呈现"注定一无所获;也许更糟糕的是,如果将"日常生活"作为刻板、平庸或工具理性的同义语,那么"日常生活审美化"立刻就会一反费瑟斯通之初衷,变成该命题的反题,即那一所谓的"审美现代性"。(2006-12-1,第9页)

费瑟斯通的"日常生活的审美化"绝不简单地意味着审美在日常生活中的增量,而是有一种使之增量的背后的力量。它,就是电子媒介,电视是其中最重要的形式:这无关乎电视所传递的内容,而是电视这种媒介本身使然。(2005-Z,第47页)

费瑟斯通所谓的"日常生活审美化"的意思是:日常生活进入图像,从而失去其自身、其真实的存在,这一过程谓之"审美化"。(2010-3,第11页)

广告是商人的诗篇,是铜币上美丽的团。这不是因为商人的诚实,而是因为人性的诚实。美乃人之天性冲动,而冲动即表现。所以即便说文学消亡了,诗消亡了,但美是绝对不会消亡的。(2005-Z,第63页)

相对于印刷媒介,电视创造了一种崭新的认识论,从此以后我们就只有依照它才能正确地认识世界。［……］电视的核心是图像，它之被发明出来就是为了生产和传播图像。(2010-6，第94页)

波兹曼关于文字与图像相敌对的思想，简单说来就是文字即思想，而图像则为娱乐。［……］参照以思想为特色的文字，波兹曼其实是将"娱乐"界定为反思想、非理性、浅表化、无深度的感性活动。图像不是语言，不是文字；它是感性的，是"审美的"。图像在波兹曼这儿复归了"美学"的本义，即"感性学"，将它从思想的重压下解放出来，重新交给了感觉的世界。(2010-6，第95页)

在齐美尔那里，如果说一个逻辑形态的"社会美学"尚未成型的话，那么一个批评形态的"社会美学"则早已在"运动"着了。(2006-12-1，第12页)

齐美尔"距离美学"的意义，既不在康德，即将美形式化、去功利化，也不在黑格尔，即将丰富而复杂的整个世界蒸发为一个"概念"；换言之，不在于用现代性生活去加强经典的力量，恰恰相反，而是沿着既往美学的思路开辟对现代社会特征及本质的新理解和新概括。齐美尔重大的美学贡献是，将美学分析施之于我们的现代生活或我们对现代生活的新经验。在齐美尔的意义上，我们可以断定，现代社会就是一个"美学社会"，即一个以距离美学为特征的社会。(2007-4，第

122页)

  美学的复兴将取决于它对文化研究问题的回应,这不只是对文化研究的理论,而且也是对此理论所指涉的新的文化现实的回应。理论从来就是在两种联系中生存的:一是与其他理论,二是与它所对应的现实。今天如果美学还想有所作为的话,怕是一个联系也不能少。(2009 - 3 - 2,第 57 页)

  当今已经没有乡村,乡村已经崩溃。乡村的崩溃表现为:第一,乡村被空壳化。[……]第二,乡村作为城里人的旅游目的地。目前有不少城里人周末假日到乡村体验"农家乐";然而,当乡村遍地都是"农家乐"时,真正的乡村生活其实也就终结了。农家乐与其说是农家生活的展示,毋宁说是城里人对乡村的想象剩余,是城市生活的差异性补充。城市时代的一切民俗都是伪民俗,它们是被生产出来的,被用于观看的。第三,"乡愁"的泛滥。这主要表现在例如沈从文、孙犁、刘绍棠这类作家的创作中,以及海德格尔的家园哲学。它们与农家乐无异,是城市化的帮衬,如果不是帮凶的话。在不可抗拒的城市化大潮中,任何以"返乡"为主题的文学和哲学,都将是为城市化张目,为城市化疗伤——以便继续城市化。城市化成了社会主导话语;乡村话语看似以乡村为本位,坚守此本位,而实则是作为对城市话语的补偿,作为对城市意识形态的强化。(2014 - 6 - 3,第 44 页)

"媒介历史"(media history)和"媒介考古学"(media archaeology)之间的区别是,后者讲"物之序"(the order of things),前者讲"词之序"(the order of words)、"文本之序"(the order of texts)。历史主要是对文献的研究,考古学则属于物质的文化。(2020-5,第96页)

美学麦克卢汉

【本组摘录以"美学麦克卢汉"为题,主要包括作者围绕对作为美学家的麦克卢汉及其所开启的美学革命/感性革命所展开的相关论述】

马克思是全世界无产者的精神导师,麦克卢汉堪称全世界网民的至圣"法师"(guru)。麦克卢汉之后,谈论"资本"而不同时谈论"媒介",将是野蛮的、言不及义的和不得要领的,因为今日的资本首先为媒介如电子媒介所显形。(2014 - 11,第29页)

人类迄今为止最深刻的革命应该是感性革命或美学革命。由麦克卢汉所开启的北美媒介生态学坚持,相对于其他任何因素,技术对社会的改变排在首位,而在各种技术中,媒介技术又排在首位。原因无他,媒介技术本质上是感性的,着眼于感性,作用于感性,为感性所界定。(2015 - 6 - 2,第6页)

美学麦克卢汉

我们意在看看媒介理论大师麦克卢汉是如何研究媒介的：我们发现，不单是有一个"媒介麦克卢汉"，如莱文森说的"数码麦克卢汉"，还有一个"美学麦克卢汉"。我们的目的不只是考古式地复原麦克卢汉，还有企划将麦克卢汉作为一种值得借鉴的媒介研究方法，这个方法就是美学，就是人文，就是文化。我们本无所谓什么媒介或技术，与我们生命攸关的是它对我们的感觉究竟意谓着什么。（2016-3-2，第32页）

麦克卢汉既是媒介理论家，也是美学家。媒介是他的研究对象，美学是他的研究方法。合而称之，麦克卢汉的理论当为"媒介美学"。不过需要提醒，作为方法的美学并不外在于作为技术的媒介，美学是媒介技术内在固有的属性：媒介技术本质上是感性的，着眼于感性，作用于感性，为感性所界定。今天我们之所以要阐扬麦克卢汉的"媒介美学"，一方面固然是因为媒介无处不在，但另一方面或许更重要，人类迄今为止最深刻的革命乃感性革命或美学革命。（2015-6-2，第5页）

在麦克卢汉那儿，美学研究并未被媒介研究所取代，相反，美学成为研究各种媒介及其后果的基本方法；而且由于媒介在构造当代政治、经济和文化中所扮演的核心角色，美学还成为理解当代政治、经济和文化即整个社会的基本方法。新媒介绝非美学的噩耗，恰恰相反，它是美学的报春鸟！（2015-6-2，第5页）

单是作为美学家,抑或单是作为媒介学者,麦克卢汉既不居于美学史的核心位置,也不弄潮于媒介研究的主流,但是其介入媒介的美学,或者,介入美学的媒介研究,使他同时成为杰出的美学家与杰出的媒介理论家。20 世纪的社会学家、美学家大都关心媒介问题,媒介甚或成为其理论的重要构件,如克拉考尔、阿多诺、本雅明、德博尔、波德利亚、霍加特、威廉斯、霍尔以及杰姆逊、波兹曼、梅洛维茨等,但在媒介与美学的完美互动上,在思想的宏富与穿透力上,没有谁可以与麦克卢汉平分秋色。(2019 - 3)

麦克卢汉指出,任何媒介都是人类器官的延伸,而每一新媒介的出现都将重新布局人类对世界的感知和感受,他称之为"感觉比率"。作为工具的媒介之所以同时还是信息,就是因为不同的媒介造成对世界的不同感知。[……]他相信,媒介通过改变"感觉比率"而改变世界。信哉斯言!任何观念变革,任何社会改造,甚或任何政治革命,如果不能在感觉的深层改变人与世界的关系,则不能算是真正的革命。(2015 - 6 - 2,第 5 页)

庄子是感性主义者,麦克卢汉亦复如是;在感性或审美上,麦克卢汉与庄子亲如一家!不过也要认识到,感性在他们的思想体系中扮演着不同的角色,具有不同的意趣:简言之,庄子由感性入于"道"境,旨归在"道",感性最终被否弃;

而麦克卢汉则试图通过对感性的寻找和发掘以召唤和恢复被理性化所撕裂和埋葬的人性整体性，始于感性且终于感性，在在不离于感性，即是说，感性既为其"术"（方法），亦为其"道"（目的）。(2015-6-2，第7页)

如果我们将感性作为美学的主要义项，可以说，美学不仅没有过时，而且是正当其时！感谢麦克卢汉，他向我们昭示了在一个不同的语境即媒介时代美学的新的价值和美学研究的新的意义。无论美学过去一直是什么，但现在它可以是被用以研究媒介技术、研究媒介技术所带来的社会变化的方法。对此方法也许我们还觉得陌生，但它绝对是我们最贴己、贴身的方法。(2015-6-2，第7页)

麦克卢汉将技术作为人的器官的延伸，这从根本上规定了技术与感性的关联。他可以据此而考察技术的感性后果，技术之通过改变感性比率而对整个社会和文化的改变，包括对于生活方式、思维习惯、价值观念、政治体制、文学生产，等等。技术之作为感性是麦克卢汉运行于其媒介研究的技术研究的方法论以及价值论，这是我们理解麦克卢汉整个思想体系的第一把钥匙。(2016-4-1，第138页)

我们不能将麦克卢汉简单地界定为技术悲观主义者或技术乐观主义者，因为他从来不是毫无来由地褒贬技术，在其关于技术的研究和评论背后，是他对整体感性根深蒂固的信念以及殚精竭虑的呵护，这是他关于技术的价值论或批判理论。舍此，即使我们已经进入了麦克卢汉的世界，也会迷失于其博尔赫斯式的"交叉小径的花园"。（2016-4-1，第138—139页）

与启蒙学者的做法正相反，麦克卢汉将技术不是带往理性的法庭，而是带往感性的法庭，要么申明其合"感"性（不是合"理"性），要么放弃其存在。这是一场革命，一场"后现代"革命，麦克卢汉在后现代运动到来之前已经早早地孤军突击了；如果你愿意，也可称此为"复辟"，因为麦克卢汉从媒介技术的角度将历史分作前文字、文字和后文字三个时代，但考虑到工业革命所带来的理性主义对整个社会在价值、文化上的霸权，考虑到启蒙运动并非针对感性而是针对神性或神性话语，以整体感性对碎片理性的颠覆和取代是可以被誉之为"革命"的；说它是"复辟"，或"革命"，再或者"暴动"，其实所指都一样，即麦克卢汉在发动一场感性主义对理性主义的"北伐"。技术被投进这场战争，要么站在理性主义的旗帜下，要么加入感性主义阵营。（2016-4-1，第135页）

虽然麦克卢汉将海德格尔和笛卡尔分别对应于电子媒介和机械媒介，相对于各自所游戏的媒介，他们都是胜利者，但不言而喻，海德格尔的胜利是"现在进行时"，而笛卡尔则是"过去时"，是往日的英雄了；或者毋宁说，海德格尔的出现就是笛卡尔的末日,但此根本的原因不是海德格尔,而是连海德格尔也没有意识到的印刷媒介的式微和电子媒介的兴起。众所周知,笛卡尔是西方理性主义哲学的标志性人物,而海德格尔则是笛卡尔主客体二元论的著名反对者;麦克卢汉没有颠覆这一西方哲学史常识,而是置其于与媒介技术的一种动态关系之中,以媒介技术的变迁及其感性后果提示哲学范式从认识论向本体论的转折,这无论如何都堪称一种独辟蹊径因而更新知识的思想了。(2014-6-1,第87页)

麦克卢汉的后现代本色日渐为学界所认识,他将"机械化"与"自动化"、印刷媒介与电子媒介、"视觉空间"与"听觉空间"相对置,前者是"现代性",后者则是"后现代性"。在情感上或在私人生活中麦克卢汉可能留恋于"现代性",但其理论立场绝对是偏向"后现代"一边的。在美学上,我们可以将麦克卢汉视作"审美现代派",然而由于这种"审美现代派"被放置在电子媒介的"听觉空间",麦克卢汉的美学大概也就没有那么"现代"了,因而与其称之为"审美现代派",毋宁谓之为"审美后现代派"来得更准确一些。美学曾经是现代的,是"现代性工程"的一部分,如在鲍姆加登那儿;但在麦克卢汉这里,它则是后现代的,是"反美学"的,犹如海德格尔在解读凡·高《农鞋》所表现出来的那样的"反美学"。(2014-6-4,第85页)

麦克卢汉本质上也许是拒绝"理""解"的,其思想的特点是完整的感性、圆融的美学,不走理路,不由分解,它需要读者体验的介入,全身心的拥抱,以及狂乱不羁的想象。他反对视觉理性主义,而标榜听觉空间,在其中以取得对任何单一感性的超越。除了听觉以及触觉,其他任何感觉在他看来都是片面的和分割性的。麦克卢汉是美学的。是的,美学麦克卢汉!(2016-3-1,第91页)

麦克卢汉是后现代主义的先驱,以其媒介洞识开辟了后现代主义的思想场域。我以为,所谓"后现代主义"就是一种艺术的思维,文学的思维。(2014-11,第30页)

在西方文艺史上,或许有过所谓"审美现代性"之类的东西,如法兰克福学派所断称的,但对于麦克卢汉来说,美学或艺术,倘使失去了康德、席勒所要求的"自主性",这在电子媒介时代就是,不再有"聚焦""中心""深度",不再有"视觉性"而只有"听觉性",不再有"自然"而只有"生态",一句话,不再有坚硬的"主体性",则将是"后现代"的。(2014-11,第30页)

麦克卢汉呼唤的由"产品"到"信息"的转换,实质是一个"媒介"转向,即在观察社会巨变时对一个媒介视角的启动。(2014-11,第29页)

麦克卢汉推崇电子媒介,它是克服了字母使用所造成的感

觉分裂而向着感性整体的回归。电子媒体意味着非读写文化的复兴。(2014-6-1,第87页)

麦克卢汉的媒介研究可以用"后果范式"来概括。他并不忽视对各种媒介特征的研究,如他有"冷"媒介和"热"媒介之分,但其目的则是试图说明这种或那种媒介因其不同的特点而对社会构成不同的影响。(2012-6,第15页)

一种哲学思潮的流行,其背后是某种社会无意识的涌动;而此社会无意识又是某种技术包括语言的一个后果。这简单地说就是,技术感性地作用于哲学和社会。而由于其独特的作用方式即通过感性或对感性比率的改变,技术的效应便总是不被觉察,它处在"潜意识"层次。(2014-6-1,第87页)

我们关心的重点不是麦克卢汉实际说过什么,而是其言说对当下、对未来可能意味着什么。(2014-11,第31页)

许多人都知道麦克卢汉是媒介理论大师,然而少有人了解其代表性概念如"媒介即信息""全球村"均来自他作为一位文学专业研究者的心得和灵感,是其感性和美学的在媒介研究领域的延伸。用他本人的一个说法,其媒介研究乃是"应用乔伊斯"。我们既可以利用"媒介麦克卢汉"返回来研究文学如何被媒介所形塑、所改变,同样也可以从"美学麦克卢汉"处做离心运动,往媒介领域开拓,如去研究媒介的美学后果。文学是麦克卢汉的基地,但不能成为他的监牢!(2012-3,第

100页)

　　麦克卢汉首先是一位"文学家",其"地球村""媒介即信息"不只是媒介概念,更是文学的或美学的概念。麦克卢汉穿行在媒介研究和文学研究两个领域之间,其媒介研究的范式和精髓是文学研究,其文学研究反过来也为其媒介研究所照亮。(2016-4-1,第130页)

　　媒介是当代人的运命。"运命"意味着展开,但同时也意味着它只能以某种方式展开。柏拉图曾教诲我们要按照"理念"来观察世界,亚里士多德将此"理念"科学化为"形式"。康德告诉我们这些都是"先验范畴",我们必须经由它们方可"理解"对象。麦克卢汉则非常具体地告诉我们,"理念""形式""先验"其实一点儿也不玄虚,它就是我们每日都在与之打交道的媒介。他宣称"媒介即信息",强调媒介对于信息建构之决定性作用;这个决定性作用,在我看来甚至是前提性的,即是说,没有媒介,便没有信息!没有媒介,便没有我们对于对象世界的知识。霍尔说过,不经编码,无以成新闻。套用这个说法,不经媒介,无以成信息。因而,问题不是我们要不要媒介,而是媒介根本上就内在于我们,是我们先天的认识机能或主体性。媒介是我们"内在的尺度"。要不要媒介,由不得我们,它最终是要由媒介说了算的。人类为媒介所定义!我们人类如果不止是一堆"质料"的话,那么它就还

是或者说更是作为"形式"的"媒介"。没有媒介,我们将沦为行尸走肉!(2014-11,第29—30页)

麦克卢汉的命题"媒介即信息"意味着一种为电子媒介所标志的整体性思维方式。它教导我们,其一,媒介的本质就是其后果;其二,此后果的发生方式是通过人的感觉;其三,如果说文学以感觉为务,那么媒介研究就应该成为文学研究。(2012-6,第14页)

麦克卢汉的命题"媒介即信息"旨在倡导一种整体性的思维方式,这种思维方式将由于电子媒介时代的到来而成为现实。因此,麦克卢汉的媒介研究实质上就是关于媒介后果的研究,说具体点,就是关于电子媒介之后果的研究。(2016-4-1,第131页)

简明地说,"媒介即信息"对于我们拟进行的对电子媒介与文学的关系的考察来说,有两个方面的意义:其一,新媒介通过改变文学所赖以存在的外部条件而间接地改变文学;其二,新媒介直接地就重新组织了文学的诸种审美要素。(2005-Z,第32页)

情感的表达是需要媒介的,但这些媒介不是单纯的工具,而是包含信息的媒介,或者如麦克卢汉简洁之所谓,"媒介即信息"。现在如果说情感借以表达的介质可以称之为"介媒"的话,那么触发、引动情感的"物""事"则可以称为"触媒"。麦克卢汉"媒介即信息"这样的命题既适用于"介媒",也同样有效于"触媒",因为触媒不是触而退,而是触而进,即,不是仅仅将对象触碰出来而自身却岿然不动,而是在这触碰中自身也顺势进入对象,化作对象的一部分,这即是说,触媒经常也是介媒。(2012-3,第102页)

请记住,麦克卢汉首先是一位文学教授!文学是其媒介解释学的"前见""前结构"。例如,其"地球村"概念是一媒介概念,我们只是在媒介的意义上生活在"地球村",然其根底里则是一个美学的或曰感性的概念。通过"地球村"以及电子媒介所创新的"听觉空间",麦克卢汉发起了对建立在机械化基础上的理性主义的猛烈批判,同时在电子媒介的时代、看到了古老的整体感性的新生,看到了艺术或生态的复苏。(2014-11,第30页)

"地球村"是麦克卢汉对全球化最凝练、最形象和最有夸张意味的概括,其既为一媒介概念,也是一美学概念,而就麦克卢汉的本意来说,它是一个"媒介美学"(media aesthetics)概念或者"美学媒介"(aesthetic media)概念。(2019-3)

蓝色星球,20世纪末一个最流行的地球形象,它传递的是一种混合的感觉:一方面是对技术进步的乐观,另一方面是对人类自身能力的悲观——从外空的视角看,人类竟是如此地渺小无谓!这就是一个关于理性的悖论:在凡是能够以人力控

制的地方，就一定有失控的危险。（2005 - Z，第 114 页）

麦克卢汉关切于技术对于人的意味，人的社会组织形式和人的文化新体验，因而由技术所创造的"地球村"就只是总体性地标志着在时间和空间方面人对世界的重新知觉和把握，以及在社会实践如经济活动方面的后果。（2005 - Z，第 77 页）

思想尽可以全球化，而行动却只能在当地。从根本上说，"地球村"乃媒介的产物，乃媒介对物理时空的数码化和文本化，精准言之，借助数码化的文本化。而文本从来不等于其所反映的对象。媒介压缩了时空，但它得到的是一个被文本化了的时空，是真实时空的一个虚像，其中肉身被过滤掉了。媒介的时空就是文本的时空，因为媒介即文本，无论其为二维还是三维，本质上都是一维。（2019 - 3）

"地球村"意味着一种"同时性"，这种"同时性"只发生在"感觉"层面，感觉的便是美学的。对麦克卢汉而言，"地球村"是一种"通感"现象。他标榜"听觉空间"，"听觉空间"是各种感官的协同作用，其中没有任何一种感官可以凌驾于其他感官之上。"听觉"在麦克卢汉是无"听"无"觉"、无"知"无"识"，甚至说，无关乎感官。"地球村"只能浮现于如此的"听觉空间"，单一感官不可能得到"地球村"；换言之，"地球村"是反焦点、反透视的，它是"通感"的例证。（2019 - 3）

麦克卢汉的"地球村"理论不等于"全球化"理论,或者说,它只表示"全球化"理论的一个维度,即现代性维度。(2005-Z,第78页)

经麦克卢汉之口而响彻全球的词——"地球村"既无时间亦无空间,它仅仅表示一种"同时性关系"。[……]由于这种标志"地球村"特性的"同时性"只出现在人的感觉或通感之中,故而也可以说,本质上"地球村"乃一美学概念。在麦克卢汉看来,"地球村"绝非如某些学者所以为的仅仅表示"相互联结"的媒介概念,即便在他据说是第一次铸造这个术语的时候,他也是以之为"同时'场'"的,与原始的、部落的"声觉空间"相关。(2016-4-1,第134页)

"场"是一种整体性思维,是人类神经系统一种整合性、协调性的功能,麦克卢汉用它来描绘从机械技术艰难跋涉过来的电子技术或电子媒介的一种崭新图景。(2016-4-1,第134页)

麦克卢汉主要借自于德国物理学家海森伯的"统一场"概念,进一步从性质和方式上规定了其后果研究范式。统一场论的核心意思是:在一个统一场中,各种要素的作用不是呈线性的、先后序列的,而是"即时的"和"同时的";这种相互作用的方式是有机的、神经性的;因而,这种有机性和神经性可以用"感性"来表示。麦克卢汉对媒介技术的整体性思维,因而不是理性主义如黑格尔的"概念"的对世界的抽象和概括，而是感性整体性。［……］引入统一场论并突出媒介影响的感性特征，这实际上就是将"文学研究范式"引入媒介研究，或者可以说，麦克卢汉的媒介研究就是一种文学研究。（2012 - 6，第16页）

麦克卢汉将所有的感觉都置于统一场或在统一场中的"相互作用"，将有"中心"的"结构"置换为"相互作用"，这似乎表明他不是以一种"结构"替代另一种"结构"，而其间强权依旧，就像中国过去改朝换代而专制不灭一样。即使矫枉必须过正，麦克卢汉都不是一个感性专制主义者或感性暴君。但是作为一位文学的研究者，麦克卢汉始终以文学的感性为其媒介研究的主导视点。在其著述中，走在前台的是媒介研究，而幕后则是文学研究。我们甚或能够说，其媒介研究不过是其文学研究范式的推演，这一范式的精髓是如布莱克所展露的感性的审美现代性，即以感性的或审美的方式抵抗理性的现代性。麦克卢汉标榜"自动化"、电子媒介，贬抑"机械化"、印刷媒介，前者是感性的或审美的，即整体性的，而后者则是理性的或线性的，即分裂性的。（2016 - 4 - 1，第137页）

麦克卢汉为人造卫星所带来的信息环境以及与之相伴生的自然的终结所吸引、所吸附，但他实际上并未因此而多少偏离海森伯关于技术的论断，因为如果说在海森伯是现代技术将人类与自然相隔绝，那么到了麦克卢汉，他不过是将此技术与时俱进地更新和具体为卫星技术或电子技术而已。本质上，他们讲述的是一样的故事与经验。(2015-1-2，第91页)

麦克卢汉褒"听觉空间"而贬"视觉空间"，与此类似，海德格尔扬"环视"而抑"向视"，他们的理论在前者对后者的一次援论中相遇。这次相遇具有交相辉映的效果。这一事件揭开了现代欧陆哲学、美学和艺术的一个重要的论题，即"审美现代性"的内在矛盾：审美现代性并不能完成其现代性批判的使命，相反它与现代性同根同源，甚或同谋。(2018-2-1，第109页)

如果说当麦克卢汉将"共振"等视为"物理键"或"化学键"时，他尚在量子力学的专业范围内，那么当他用视觉文化、魔幻语言、听觉空间、双关语、神之无处不在来趋近上述行话时，他实际上便跳出了这些行话所属的专业圈子，而接通了我们的日常经验以及我们日常可经验的人文世界了。(2016-4-1，第133页)

麦克卢汉做了一个语词游戏，将"拼贴"（collage）与"拼学"（college）①拼贴起来，以凸显二者在性质上的对立：

---

① "college"一般译为"学院"，为了呼应"拼贴"，金惠敏先生将"college"译为"拼学"。——编者注。

"拼贴"是并置的、意义模糊的，而"拼学"是线性的、意义清晰的，用中国古代教育的术语，是"发蒙"。(2015-1-2，第93页)

对于麦克卢汉、海森伯和庄子，共同的是，现代技术通向的是美学。换言之，现代技术内在地具有美学的维度。自此，技术便可以作美学或感性的观照了。(2015-1-2，第96页)

波兹曼认为，麦克卢汉不是将技术仅仅作为技术，而是认定作为技术的媒介就是一种认识论，一种"视角"（透视角度），即每一种技术或媒介都规定了我们对于世界的认识和认识方式。媒介本身即代表了一种世界观。[……]一旦将媒介作为一种认识方式，我们便进入一个更为复杂的麦克卢汉的理论世界，这最终将反过来修正甚至颠覆波兹曼的认识论阐释，即"媒介即信息"所属意和推荐的根本不是什么"视角主义"，恰恰相反，是"反视角主义"。(2012-6，第15页)

现代性与后现代性

【本组摘录以"现代性与后现代性"为题,主要包括作者围绕"现代性与后现代性""结构主义与后结构主义"及与此主题相关的"理性""主体""主体性""启蒙现代性""审美现代性""现代认识论""主体间性""主体与客体""主观与客观""自我与他者""传统与现代"等话题的论述】

社会学视野中的全球化已经为我们勾勒出一幅完整的现代性与后现代性之复杂关系的哲学图谱:现代性就是自笛卡尔以来的主体性哲学,后现代性则是胡塞尔意识到主体性哲学的唯我论缺陷之后所提出的"主体间性"概念,是后来为哈贝马斯由此所发展的"交往理性"。不管是否采用"后现代性"一语,凡是对现代性主体哲学的批判,都可以视为一种超越了现代性的"后现代性"意识。(2011-1-1,第159—160页)

现代性与后现代性

全部西方哲学史即无论是以本体论为中心的古代哲学还是转向了认识论的现代哲学，都在致力于解决主体如何才能与客体同一的问题，而这同时也就是自我与他者的关系问题。柏拉图不能解决这一问题，所以他乞灵于认识的"突然跳跃"（eksaiphnes）、灵感或迷狂；康德不能解决这一问题，所以其普遍而必然的先验知识不过仍然是主体关于自我而非关于客体的知识；胡塞尔不能解决这一问题，因而其声嘶力竭的呼喊"返回到对象，返回到现象，返回到本质"最终不过是无可奈何地"返回主体"，其"先验自我"如果不是被设定为一个超绝本体，那么在认识论范围内它就仍是一个主体；萨特不能解决这一问题，以至于在《禁闭》中恐怖地尖叫"他人即地狱"。（2001-6-1，第14页）

"现代性"之根本就是人本主义，其他的理性、启蒙、主体、自我、个性、进步、平等、自由等，都是对人本主义不同侧面的描述，它们都归属于人本主义。这个原则在文艺复兴时就确定下来了。在美国批评理论界一个主流的观点是，现代性以笛卡尔的主体性理论和身心二元论为其哲学基础；在德国，现代性就是理性主义，就是工具理性。［……］现代性就是人对其自身的相信，对存在于人自身的理性的绝对信任。（2003-4-3，第50页）

柏拉图只认理念世界的真实性，亚里士多德宁信虚构的诗而不相信纪实的史书。康德以"理性"代"自在之物",只不过是将形而上学的"理念"或宗教的"神"人性化、人道主义化,仍然有一个"先验的"理性在决定着我们经验知识的普遍性即真实性,也就是说,仍然是"地心说",一个所谓的"哥白尼革命"只是将"地"唤作"日",称谓不同罢了。(2005-Z,第154页)

理性永远是具体的,但要求有一定的时空范围,否则便显不出一定的普遍有效性。在时间上说,有历史理性;在空间上说,有地域理性;而综合地说,则有文化理性。作为理性的动物,我们以理性为真实,为得到这一真实而欣慰。[……]追随理性没有错,我们不能没有"理性";但要时刻警惕的是,我们所得到的"理性"都是有限的,而通过这样的"理性"所见到的"真实"也是有限的真实。(2005-Z,第156页)

理性的伟大在于它能够认识到自身的局限,从而予以超越。这是认识论早就告诉了我们的,而问题在于理性何以生而具有超越性却无往不在尘俗的枷锁之中呢?这是认识论所不能解决的问题。(2005-Z,第156页)

两种现代性[①]的矛盾其实属于现代性内部的关系,都源自于以人为本的思想。它们的对立是人内部理性与感性的对立:

---

① 此处的"两种现代性"即启蒙现代性与审美现代性——编者注。

理性要实现自己总是尽量排斥感性,而感性则希望将理性纳入感性整体之中。文艺复兴的人本主义多表现为以感性颠覆神学压迫,而启蒙运动则以理性审判蒙昧的宗教欺骗。[……]对感性和理性的强调属于西方重建现代世界的两个历史阶段。(2003-4-3,第51页)

"启蒙"常常被理解为"给予知识","知识"就是"光亮",似乎也讲得通,但这仅仅是最初级意义上的"启蒙",更深入地说,用以"启蒙"的"知识"只能是"工具性的",是作为通向真正知识的路径。(2010-2,第70页)

"启蒙的计划"不是一个一劳永逸的"计划",它是"计划着",而不是"已经计划便不再需要计划",是一个在其实施中需要不断接受修正的动态的计划。如果说现代性在进行中接受了后现代性的批判而对原计划做出修正的话,那么这修正应该就是后现代性的肯定性成果。(2003-4-2)

我想修正康德的启蒙观:启蒙是理性对理性的启蒙,就是觉今是而昨非,今是也好,昨非也好,都是理性,不同阶段上的理性,理性没有一个终点,所以启蒙也没有完结的时候。启蒙起于"蒙",而终于"蒙"。这就是理性的局限性。这里涉及康德未及认真探讨的"历史理性"或"文化理性"。(2003-4-3,第50页)

如果说"科学""人文"来自于启蒙传统,那么,"科学主义"和"人文主义"的出现则是由于"启蒙的辩证法"。科学主义与人文主义具有同源性,即共同秉承着启蒙哲学所确立的对于理性的绝对信仰。"科学"精神的实质就是"理性"精神,而"理性"精神也就是"人文"精神,"科学"与"人文"是同一理性的两翼。[……] 所谓科学主义与人文主义的冲突,因而就不是两种思想潮流的冲突,而是理性发展过程中其内部所歧出的问题,即理性的异化问题。"理性"需要"科学"和人的"主体性"以开辟自己的道路,而一旦理性放任于"科学"和"人文",就会出现他所意想不到的科学主义和人类中心主义。我们知道,"科学主义"常常就是"人类中心主义",这是指工业革命以来至20世纪尤甚,我们所面临的一个重大的现实问题。(2009-3-1,第59页)

其实并不存在什么两种现代性,"启蒙理性"原本就包含着"审美现代性"。启蒙思想家的理性话语不仅不排除感性的艺术,而且还给予艺术自主性以深刻的理论支持。理性不在与感性相平行和对立的层次上,毋宁说,在现代性框架之内,它超越了通常意义上理性与感性的对立而成为独立"自由"的主体性。这就是康德何以在美学上标榜"自由美"的原因,那是对于一个主体性原则的贯彻。(2006-12-1,第7页)

"审美现代性"这一声名煊赫的现代性批判理论其实隐含着巨大的悖论和困境:其本意是用审美的感性、体验、自律、无功利、整体性克服现代性的理性主义、工具主义、科学主义及其对人性的分割和异化;然而审美或曰"美学"本身与现代性的关系又是同出而异名,它是现代性计划的一个有机构成部分,是现代性认识论的一种形式或补充。"审美"与"现代性"不但不相敌对,而且是同盟军,只是职能不同罢了。因而用"审美"来抵消"现代性",简直就是要求"审美"的自我取消,要求"审美"与"现代性"的同归于尽。"审美"无法完成其被草率赋予的"现代性"批判大任,除非它连自己的出身也一并抛弃而投入与认识论相对立的本体论话语体系。(2018-2-1,第109页)

所谓"审美现代性"即文艺上的现代主义,其矛头所向绝非以主体性为主导价值的现代性,恰恰相反,它以一种特殊的方式重新肯定了这一现代性理想。现代主义不变的主题是个人与社会的冲突。而正是"启蒙现代性"对个人自由的合"理"化酿成了现代主义者与社会相遇的精神苦难。(2006-12-1,第7页)

如果说"审美现代性"话语对于我们仍有意义的话,那就是它以表象性的概括所凸显的美对现代社会的精神批判。法兰克福学派正是这样一个理论上的审美现代派,"美学"在他们手上就是"社会—批判"。(2006-12-1,第7页)

不能说现代性计划尚未完成,不能说审美现代性尚未完

成，事实是，它们永远就不可能有完成的那一天。(2005-Z，第63页)

以"疏离"为特征的"审美现代派"其实并未创造出一种外于现代性的审美意识形态，相反，它是以资本主义精神对资本主义实践的反思和批判，更简洁些，是现代性反对现代性。这就是审美自主性理论的深度政治学。(2009-3-1，第60页)

如果说认识论的恶果不能通过认识论来清除，那么仍然深陷认识论沼泽的美学不仅不能拯救为主体性所困的现代社会，反倒可能加剧人对人、人对自然的控制和盘剥。在"审美"看来，任何"感性"都是一种认识；在"思维"眼中，所有"形象"都是符号、话语；从"主体"出发，人永远不能摆脱"客体"的抑制。这就是现代主义艺术和美学之症结所在。(2018-2-1，第114页)

在现代哲学看来，普罗泰戈拉的"人"及其"尺度"就是主体、认识、观念、意志，一言以蔽之曰，"理性"。现代哲学的这种"理性"，结构主义包括后结构主义直接将其当作"语言"。[……]"理性"（reason）一词在拉丁语中是"思考"（reri）的意思，凡思考必然经由语言，必然借助于语言。这种"必然性"即思考与语言的不可须臾或离意味着语言不仅是思考的工具，而且对于思考还具有本体论的意义，甚或具有先验论的意义。从本体论上说，语言即思考，即对世界的抽象和再现，二者原本就是同一个事物；而由先验论观之，语言先于思考的实际发生：语言作为一种先在的规约、制度决定着言说的正确性。正是在这一意义上，海德格尔、拉康才会认为，不是我在说语言，而是语言在说我。（2018-2-2，第126页）

西文中的"subject"和"object"既是认识论意义上的主"观"和客"观"，也是存在论意义上的主"体"和客"体"，这种差异的关键性在于，它会导出分别侧重于主客"观"和主客"体"的两种哲学和美学来。例如，现象学关注于主客"观"（如意象性、表象、前见），而在弗洛伊德、拉康、福柯以及女性主义者和后殖民主义者那里则是主客"体"（如身体、身份、单个性）。这样的主客体关系被表述为主体与他者的关系，并通过对他者之绝对他异性的坚持（如列维纳斯）而改写了只是作为另一自我的和对象性的客体。（2009-3-1，第59页）

用哲学的语言说，主体是携带着它之作为客体而是主体的，它是它自身但又不只是它自身。这也就是说，主体其实是可以从两个方面来界定的：一是作为纯粹的认识，即位在认识论的主体；二是表现为具体的个体，认识着的主体实际上总是在现实中生活的男男女女，这可以叫作本体论的主体。由于对认识论与本体论之畛域的坚持,现代西方哲学很少能够认识到所谓主体与客体的划分只是认识论的假定,而在本体论上二者实为一物,或者说,实为一体。(2012-3,第124页)

主体性建构必须是主体的一种积极的、能动的作用于客体的行动。主体性之建立必须通过与客体、与他者之交流始得以完成。拒绝客体,实际上也等于取消了主体。(2008-Z,第10-11页)

西方哲学史证明,有无主体性思想关键不在于以自然还是以社会为客体,而在于有无主客体二分的观念。[……]任何主体性的获得,都来自于其与客体的相互作用。(2008-Z,第26页)

主客体二分观念,或者换言之,主体与他者之关系,支撑了全部的西方文明史。它既是一个纯粹哲学的问题,也是一个文化问题、政治问题、社会问题,甚至日常生活问题;它是一个古老的历史故事,也是颇具现实紧迫性的一场运动:也许对于我们而言,至关重要的是,它不仅仅是西方人的问题,也是切近我们用自己历史与我们自身之现实的问题。(2001-6-1,第14页)

主体诞生于现代认识论,而现代认识论的主要功绩则就是成就了一个宏大的主体。"主体"在"主观"中升腾,最终也在"主观"中跌落,是所谓"成也萧何败也萧何"者也。

（2005－1，第47页）

在柏拉图那儿，真正的知识就是"绝对理念"。获得这种知识要靠"灵感"，即神灵附体，要靠"灵感说"所包含的一个实质性内容，即"心灵转向"，由意见状态转向知识状态。而在此"灵感"状态、在知识状态中，主体都不再是主体，而是某种绝对知识的追求者和传达者，是表意的符号。（2005－1，第47页）

主体一方面是一种话语的建构，所有的主体都是结构的主体，而"结构主体"有一特点，即结构只有关系没有内核。因此，结构主义的一个观念，就是认为没有什么东西是处于支配地位的，所有因素都处在互文性关系之中，所有的主体都处于主体间性之中。（2019－8，第22页）

主体之所以堪称主体，不仅因为它能为客体做主、为自然立法，也由于它能将自身作为客体予以观照和超越，如局外人般洞若观火。（2019－8，第15页）

由于借贷主体不是站在自己的脚跟上，再由于借贷一方总是不在场的在场，并从而是不确定的，哲学便总是感觉未能满足自己，即满足"理性"的要求。现代哲学由此问题和疑惑而开始了所谓的认识论转向，这种转向并不意味着在古代哲学中不存在认识论，而是说古代哲学中的认识论是本体—认识论，本体自身是确定无疑的，它是真、善、美，或是集中了真善美的神，并且对于认识中的主体而言是决定性的，而是说转向那不仅自主且能决定他物的基点和核心。笛卡尔因为找到了这一阿基米德支点而成为现代西方哲学的鼻祖，这个点就是在"我思故我在"中的"我"。（2005-1，第50页）

"我"对于笛卡尔整个哲学的重要在于它是认识论中的决定性主体，进一步由这一认识主体出发去寻找和证明上帝的绝对存在。而对于西方哲学史来说，认识主体"我"之不可怀疑地位的确立则扭转了从主体之外的客观世界无论这是某一物质性始基抑或某一设定的观念来规定、检测知识可靠性的思维方面。一个认识论的转向由此启始。（2005-1，第50页）

要真正完成认识论的主体转向，就必须将上帝观念清理出去，并将"我"与"思"从沉重的物质性和历史性语境中剥离出来，使"我"或"思"成为真正的决定性主体。这正是康德的工作，即是说，正是在这一意义上康德完成了由笛卡尔所发动的"哥白尼革命"。（2005-1，第51页）

就像并非所有的人道主义都是以人为中心、为主体一样，苏格拉底的人学转向不是直达现代形态以笛卡儿和康德为代表的主体哲学，而毋宁只是意味着与流行趣味的不同或研究对象的变换。（2005-1，第49页）

（康德）对理性的三大"批判"，实质上不是对理性能力的总体批评，而是通过对三种理性能力的分析和界定，为它们分派了各自的职能，合之则是无所不能的理性能力和拥有这一能力的主体。由笛卡尔所开启的主体革命在康德这儿达到巅峰。(2005-1，第51—52页)

如果说康德是在一个认识论的转向中提升了人的主体性，他将主体作为客体即现象和自在之物的对立面，并由此而在认识实践和审美活动中决定了后者，这于是就意味着在主客体之间的一条鸿沟，"自在之物"对于理性认识而言终究是一个猜不透的谜语，它因此而具有信仰的性质，而不是知识；那么康德的后继者费希特、谢林、黑格尔、叔本华、尼采，直到胡塞尔则是捡起被康德所抛弃的本体论框架将主体性予以本体论的提升的。(2005-1，第52页)

黑格尔作为德国唯心主义的最后一座高峰，直接承继了谢林所开辟的客体转向，撷取斯宾诺莎的"实体"英华，将康德、费希特的主体唯心主义进行到最彻底的程度。(2005-1，第55页)

胡塞尔现象学具有鲜明的理想主义品格，它试图通过一个"先验主体"的建构而铲除冷漠的科学主义并重振温暖的人文主义，恢复人类生存的理性意义，但是他没有看清楚科学主义与人文主义在认识论上的哲学同源性，就是那个决定性主体，即被他所神诘了的那个"先验自我"对于自然、对于由人群所组成的社会、对于所有他者持续地谋求着霸权地位。他愈坚

持认识主体的绝对性，则可能愈强化他所痛责的科学主义，强化在文化上的欧洲中心主义。（2005-1，第57—58页）

我们已经证明，是认识论转向建构了现代主体，而要走出现代主体的迷障，就不能继续认识论的老路。这就是从笛卡尔以来直到胡塞尔的现代西方哲学所给予我们的重大教训。（2005-1，第58页）

在现代性哲学中，如在康德那儿，主体决定客体，因而它才是"主体性"，但被后现代理论翻转为被客体所决定，主体于是便不再是主体了。是否承认主体性是现代性与后现代性在哲学上最基本的分野。（2010-5，第228页）

现代西方哲学所幻想和讴歌的主体性在后现代性的透视下已经暴露出其最邪恶、最狰狞的一面。我们承认，主体性原则作为一种哲学价值是一回事，而主体性原则被野蛮性地使用是另一回事，但是，野蛮性地使用的不是别的什么与主体性无关的东西，因而，由痛心疾首于主体性原则的"野蛮性地使用"而反思主体性本身就是合情合理的事情。（2001-6-1，第14页）

现代性与后现代性在哲学上争衡的焦点是主体性及其与他异的关系。所谓主体性，简单地说，就是主体作为主体所具有的性质、功能或状态。因而，理解主体性也就与理解何谓主体的问题直接相关。[……]我想一般地指出主体所具有的若干我认为最重要的性质。第一，任何关于主体的讨论都潜在地指向具体的、历史的或是个体的或是集体的人。第二，对于客体世界而言，主体无论是作为认识的或行动的主体，都是能动的一极：在认识论上它给予客体以形式，在与自然的关系上它改造和支配后者。第三，这种主体对于客体或自然的态度和行动当被移之于其与他者的关系时则可能触目惊心地表现为血腥的征服、阴毒的柔情或貌似入情入理的整合。第四，在现代思想中主体被规定为理性的主体，否则它便不可能担负起律人律己以至于统治整个客体世界的责任。第五，主体诞生于主体—客体二分法这一母体，不过对于这一母体，主体永远不能摆脱其依附性，也就是说，客体的消失即意味着主体的死亡。(2001-6-1，第13—14页)

离开语言则怀疑无以进行；思考离不开语言，作为一种思考的怀疑也同样离不开语言；语言的极限乃一切思考的极限。(2018-2-2，第130页)

索绪尔提出：语言符号连结的不是事物和名称，而是概念和音响形象。说明白点儿，我们使用符号所进行的指意活动，不是指向符号之外的客观现实，而是指向我们正在使用的符号自身。这是结构主义和后结构主义的共同出发点。然而，如果说结构主义在索绪尔命题中看到的是每一次表意活动对于其背后一个巨大的语言网络的依赖和归附，因而致力于由此而寻找每一言语活动所依循的原则和体制，那么后结构主义则从中看

到一条没有尽头的能指链,能指指向被想象为所指的能指,因而表意活动将永远不可能圆满实现。(2016-2-2,第132页)

后结构主义将作为事物本身的对象虚化掉,有人批评它陷入能指虚无主义,似乎放任"言说"、怎么都行,但殊不知它正是通过对能指与所指的切割而将人们引向对话语的怀疑和批判,让人们看透话语的权力本质,而从前话语一直是以真理自居的。后结构主义的话语批判肇始于索绪尔的一个革命性假说:"语言符号连结的不是事物和名称,而是概念和音响形象。"这颠覆了人们对语言的理解。(2019-8,第11页)

结构主义或就是说后现代主义之核心观念是宣布主体之死,此宣布主体之死恰是为了复活"个体",复活个体的具体性、单个性、他异性、神秘性,或者也可以说,非理性,就此而言后现代主义是19世纪文学浪漫主义的合法继承人。如果说"个体"具有其"物质性存在",那么此"物质性存在"应当就是"个体"那无法为语言所穿透、所再现的坚硬内核或"黑色大陆",即本能或无意识,而外向地说则就是个体实践活动的物质条件和基础,前者是弗洛伊德主义,后者是马克思主义。(2012-3,第117页)

结构主义和后结构主义同出于索绪尔,索绪尔本身就潜在地包含着两种截然相反的面向:对语言的信任与怀疑。对语言是否掩盖了真相这一问题的不同回答是结构主义与后结构主义

的分水岭。(2016-2-2,第133页)

人类不得不通过语言来表意或意指,"思"(think)即"物"(thing),"思"与"物"一体,"物"在"思"中,因而对于人类而言,其所接触的一切均在文本之中,不存在"外文本",即外于文本的东西。作为语言的动物,人类被宿命地囚禁于杰姆逊借之于尼采所形象地描述的"语言的牢笼"。(2018-2-2,第127页)

海德格尔虽然揭露了"美学""体验"的认识论残余,但他将思归入物或消弭于日常生活空间,严重削弱乃至取消了哲学的批判功能。对于海德格尔哲学的反认识论局限,卢卡奇和德里达均有发现和批驳。然无论将思视为符号游戏抑或事物的自然显出,都是片面的。实际上,思在物中,也在其外。审美活动或许最能体现思于物的双重位置。(2018-2-1,第109页)

德里达的解构并未放弃与文本之外世界的联系。以其"延异"为例,"延异"之所以能够进行下去,实乃由于其总是趋向于"联结"于一个最终的对象。"象征"是符号的完成,也是符号的生命的终结,而"言不尽意"却是敞开了语言的无限的可能性。解构释放了文字的活力!(2018-2-2,第127页)

德里达的解构程序是:以结构主义为出发点,即是说,将一切存在包括上帝、艾多斯（eidos）、本质（ousia）、真理（aletheia）、自然、主体、意识、人等悉数语言化或符号化，认为它们不过是语言或符号的效果、投射、变身，位处差异系统之内而非逍遥其外；然后与结构主义之通过"语言"来勘定"言语"不同，德里达用符号的差异性指意或曰自我指涉而否定了任何存在的"在场"，它们一直在"延异"着或被"延异"着，一直处于"缺席"状态，望之若有，即之也无。[……]德里达的程序也是一切后结构主义者的程序，即把一切存在语言化或符号化，进而怀疑乃至否定其真实存在。这个程序在不同的后结构主义者那里会运用到不同的对象上。例如，德里达和福柯分别负责改写哲学史和思想史；拉康和阿尔都塞分别承担重释弗洛伊德和马克思；波德里亚专司对消费符号的解剖；巴特则横跨各界，与波德里亚多有交集，但一般认为他主要是一位文学批评家，其对象是文学作品及其结构。（2016-2-2，第134页）

如果说德里达有意于批判但缺少批判的武器，因为真理一再被延异，那么海德格尔则认为压根儿就没有需要批判的东西，因为一切都是真理，一切都合乎真理。（2018-2-1，第118页）

德里达与海德格尔关于思的分歧在于：前者僵化了思的外在性，使其不能向物移乎半步；而后者则拆除了思与物的壁垒，使之相通无碍,甚至也可以说,思由此而变成了物,思即是思物,这宽容地说仍在现象学阵营,思如胡塞尔的"意向",无时无刻不被他物所充满。不能设想一个空洞的思或意向,而所谓纯思或纯意向,则不过是一种逻辑的假定。德里达和海德格尔的分歧固其昭然,其共同点亦毫不晦涩:他们在共同地实施对西方认识论哲学的批判,其分歧也仅在是否"经济地和策略地"对待"思"这一称谓。德里达将思钉牢在哲学史的耻辱柱上,这等于说是废弃了思,不那么节俭,而海德格尔则救下思,擦掉其身上认识论的污秽,让其皈依于真理。(2018-2-1,第117页)

海德格尔或许是对的:任何选择都意味着放弃,任何去蔽都意味着遮蔽。如果可以这么说的话,则任何"体验"都将是一种知识,任何感性都是一种抽象,任何"美学"都会走向其反面,因为它们都仅是一条路径,一种透视角度,一种"工具"理性,因而是一种极端,一种片面,一种分裂。极端地推崇感性与极端地推崇理性,其后果并无什么不同。对麦克卢汉之极端地推崇感性的或者至少是以感性为关捩的媒介研究亦当保持如是之警惕。感性是否必然就等于完整性?扩展说来,审美现代性是否能够通向人性的完整性?读过海德格尔的"美学"批判之后,对于此类的问题我们的回答将不得不慎之又慎。(2018-2-1,第118页)

后结构主义是西方20世纪下半叶最重要的哲学思潮,其核心观点可以用德里达的"文本之外无一物"来表达。这种将符指活动封闭于符号或文本之内的做法好似作茧自缚,杰姆逊称之为"语言的牢笼"。如何突破这个"语言的牢笼",伊格尔顿诉诸马克思主义的"实践"概念。这虽然原则上没有问题,但仔细推敲起来,仍觉不完全奏效,因为"实践"是自由自觉的、有意识的人类生命活动,显然包含着观念、理性和语言的因素,这也就是说,在"实践"内部仍然存在着"实践"原本需要克服的东西。(2018-2-2,第125页)

"文本之外无一物"或"没有外文本"不是说不存在文本之外的客观之物,而是说在文本之中"指称对象或曰超验所指的缺席"。(2018-2-2,第127页)

后结构主义是"静观地"看待语言,拘泥于认识论,拘泥于主客体的二元对立。由于只是在主观世界打转,那么它就永远走不出自我中心的世界。与此相反,马克思主义则是实践地对待语言,视语言为人类实践活动的一个组成部分,介入、应答于人类的实践活动。[……]实践之相伴于语言,如影随形,使它处在随时可以纠正语言传达错误的战备状态。(2018-2-2,第128页)

仅就对后结构主义的批判来说,马克思主义实践观的力量和有效性来自于实践不是一个单纯的符号差异化的过程,而是永远指向现实客体,由此说来,符号的差异化实际上是不断趋近现实客体的过程。马克思主义将实践作为符号与其指涉物的现实的中介活动,而后结构主义则把符号作为符号与其指涉物的抽象的中介活动,即属于思维本身的活动。二者所理解的符号(能指)的指涉物(所指)完全不同:在前者,符号指涉现实;在后者,符号指涉符号——另一个或另一批符号。(2018-2-2,第128页)

马克思在对费尔巴哈的批判中提出了自己对"实践"的理解和要求:实践是人的活动,是人作为主体的活动,是能动的活动,是对象性的活动因而也是把对象涵括于其中的活动,更抽象言之,实践自身即包含了理论,否则便不是"真正人的活动"。而费尔巴哈唯物主义的最大缺点是把对象理解为与人无关的客体,把实践理解为没有理论指导的庸常生活,简言之,他忽略了实践之中人的主体性位置和作用。(2018-2-2,第129页)

并非无论人或者动物的生命活动都堪以"实践"相称,那是费尔巴哈意义上的"实践",而在马克思,唯有人的生命活动才配称"实践",因为就其定义来说,"实践"只能是"有意识的生命活动",而动物没有这样的意识,没有对自己生命活动的意识。这里"有意识"的同义词有"对象""自由"以及"类存在物"。要之,人"实践",动物不"实践"。

(2018-2-2,第129页)

马克思提出的让中国美学界津津乐道的命题"人也按照美的规律来构造"实际上与美学关系并不很大,或者说,它只是强调了美的生产的认识论性质,如果不避免被误解的风险,我们也可以说,美的生产的"实践"性质。(2018-2-2,第129页)

当实践的利箭疾速地射向它的对象时,其箭头上被包裹着厚厚的话语棉花,其穿透力将因这层话语的棉花而大打折扣。话语不会轻松地完成其指意的任务。因而即使有实践这个破除唯心主义和不可知论的利器,人类也不能自负地说自然将被完全地对象化,甚至对于自身的生命活动也无法做到完全地对象化,因为人类还有弗洛伊德所揭示的平素深藏不露的无意识。(2018-2-2,第130页)

既然已经现代性了,我们是不会回到前现代的。但前现代却可能穿越现代性,也就是说,在一个之"后"的位置上,与现代性构成一种新的张力关系。[……]前现代作为后现代,它位处现代之后,而后现代作为前现代,它则先于现代。我们不想在前现代与后现代之间画上等号,我们能够说明的是,前现代至少是一种形式的后现代,而后现代至少是一种形式的前现代。就此而论,后现代先于现代,比现代起源更早。(2008-Z,"前言"第7页)

现代性绝非如启蒙主义者所幻想的那样是一个绝对的价值，只要其被施之于行动，其偏离就是不可避免的，因而我们甚至可以说，反思现代性未必要等到彻底现代性以至于过度现代性出现的那一天，或者干脆说，现代性在其诞生之日，假定有这么一个绝对起点的话，即意味着后现代性的必然性以及合法性。(2003-4-3，第49页)

对现代性的批判立场是后现代性之成为后现代性的一个最基本的前提；彻底的后现代性还必须在此基础上迈出实质性的一步，将从前批判立场转换为立场之批判，后现代性地批判那种现代性之批判立场。(2005-Z，第87页)

后现代理论的主要来源是索绪尔的符号学，特别是其中所蕴含的对于"主体性"进行解构的倾向，能指只能达及作为观念的所指，而无法进入现实，能指所指向的不过是另一能指，意指活动不过是一条纯粹由能指所构成的漂浮的链条，即能指链，因而所谓的"主体"在言说结果中就成了被言说——被能指所言说，被文化所言说，被传统所言说，等等，它是代言人，代他人言说而不能自己言说或者言说自己。(2010-5，第228页)

后现代主义是一个哲学文化思潮，同时也是一种思想。所有的思潮都包括"思"与"潮"两个方面的内容，后现代主义"思潮"也不例外。我不否认其思潮性，但我更看重的是其思想性，看重它作为一种思想、一种哲学理念对于传统人文学科及其基本信仰的挑战。作为一种思想，因此，它不可能是今天才有的，而是与传统相接契，并可能通向未来，也就是说，它所提出的问题可能与人类相始终。这就是"后现代主义在中国"命题的理论"现实性"。(2003-4-3，第48—49页)

我确信，"后现代"不仅没死，而且还在不断地开辟新的疆域，向着古老的西方思想源头，向着神圣的基督教信仰，向着盎格鲁—撒克逊哲学的传统领地。当然我也承认，作为一种"思潮"，它总会有不再时兴的那一天，但其精神则将不朽，因为它揭示了我们人类存在的一些最基本的问题。这是些永无答案的问题，所以先前的解决方案将会一再被后人提起。(2002-4)

我并未将后现代主义当作一种思潮，那需要广义文化的研究、社会学的考察，以及情报学的跟踪。我不否认其思潮性，尽管作为思潮它仍在汹涌澎湃，我更看重的是其思想性，着重它作为一种思想、一种哲学理念对于传统人文学科及其基本信仰的挑战。(2003-4-2)

既然后现代主义除了作为思潮之外还是思想，是后现代性，既然它已经不拘形式地向我们表现为现代性的基本信念下了战书，那么在后现代性与传统之间就有了自然而然的联结。简单地说，我是在传统与后现代性之间进行"辩证解释学"

的工作，这工作就是寻找二者之间的对话，找到其同、其异，让同成为我们可以分享的成果，让异继续保持其异，成为与同构成张力的对于思想和理论的魅力。（2003-4-2）

作为一场文化运动，后现代主义潮起潮落，会有竟时；但作为一种理论，它将是一个永远不可替代的透视角度，何况目前还在生机勃勃地发展着、丰富着，前景未可臆测。（2001-3，第15页）

在一个日益全球化的时代，在一个后现代主义已成为一个国际文化现象的时代，后现代主义对于我们不应是一个封闭的理论对象因而一个能够被严格"界定"的对象，而是一个生成性的、需要我们参与其中去批评它，增删它，改造它的"未定性"。［……］如果说后现代主义有什么共同特征可以界定的话，那就是它的不可界定性，就是它的非共同特征性，它的延异性和多样性。（2001-3，第13—14页）

"后现代性"曾被一般人误认作一种虚无主义，包括吉登斯、哈贝马斯等，其实它不过是一种较为激进的胡塞尔主义，如在德里达那儿，它提醒，我们的意识、我们的语言、我们的文化等一切属人的东西是如何遮蔽了我们应该追求的真实，它们应该被"悬置"起来，以进行"现象学还原"。因而，后现代性就是一种穿越了现代性迷雾的新的认识论和新的反思性。（2011-1-1，第160页）

在西方语境,"审美现代性"是对资本主义"工具理性"的尖锐批判;在中国,它是对政治干预文艺的委婉拒绝,而由于这种干预一直以来是假"现实主义"之名,即以被政治化阐释了的"现实"而要求文艺对生活和历史的摹写和叙述,于是可能略显粗暴的"文艺为政治服务"的要求便被柔化为仿佛是艺术自身之内在的和自然的需求了。(2020-11,第49—50页)

西方世界没有"前现代",没有"传统",它自始就是现代性的。现代性在他们那儿一脉相传,几乎没有中断,中世纪也不是这一传统的断裂,它以一种曲折的方式延续了它。比较于西方,前现代是中国的特色,中国具有世界上最丰富的后现代资源。(2008-Z,"前言"第9页)

当年韦勒克模式之所以被青睐有加,被转换出"内部规律"和"外部规律",促成了"向内转"这一具有划时代意义的提法的出现,固然其一方面的原因在于被压抑多年的审美需求在突然之间有了可以满足的条件之后的"报复性消费",但更深层、更具决定性的原因则是整个社会对于人的解放即对于人的独立性和个体价值的强烈要求,而不受外部约制的、纯粹的"审美"和"文学性"正好完美地体现了这一历史性的要求。对文学之"内部"、之"内部规律"、之"文学性"的追求,乃是对于"其外"的人的主体性的追求,文学的"主体

性"与人的"主体性"具有本质上的同一性。(2020-11,第54页)

老子确立了在语言中克服语言之局限的"语言辩证法",它从根本上保证了"道言"的可能性,因而为庄子所珍视、继承。但有所不同的是,对庄子而言,"语言辩证法"的精髓是道之"言"的复数性,而不像老子那样将复数的言说区分为性质上对立的(仅此)两极,这虽然并不必然却也是有可能限定了"道言"的复数性。(2015-3,第3页)

在老庄哲学中存在两种技术,以道观之,位于不同的层级:一是分割性技术,包括机械技术和制造五色、五音、五味的技术,二是在感性活动中所通向整体的技术,即整体性技术。老庄的技术理想是整体性技术,但分割性技术与整体性技术并不构成绝对的不可逾越的鸿沟,他们指明了有可能导致分割的技术迈向整体之"道"的门径。这在老子那里是否定辩证法,在庄子这里主要是将此否定辩证法置于感性活动,超越单一感官,走向诸感官互用的"通感"境界,而此时的"通感"实质上已经与感官无涉而与"道"相接了。一言以蔽之,老庄的技术批判哲学就是"道术",即由术而道,或曰"道言",出言而道。(2015 6 1,第55页)

"通感"与"内通"绝非同一层面上的东西。顺着海德格尔的思路说,"通感"是美学之内的问题,而"内通"则是对美学的超越,是美学之外的问题。巴迪欧的概念 inaesthetics 一语双关:"内美学"即"非美学"。施之于庄子,这就是说,"内通"非"通感"。由西方哲学观之,"内通"与"通感"的根本区别在于是否有主客二元之分,有无认识着的主体与被认识的对象之分。(2014-6-2,第45页)

现代性在中国具有外源性,它首先就是西方性,尔后才可以说是中国特色的现代性。后殖民主义之宣称"复数现代性"或"多元现代性"(埃森施塔特)以及"我们的现代性"(查特吉),不仅不能否认西方现代性的地位和影响,倒是它先已承认了其本土现代性的后发性和次生性。现代性是西方贡献给人类一笔物质的和精神的财富,尽管其以"政治正确"为标志的极端化正在使这笔财富在急剧地贬值。中国文化的世界性价值不在于西方现代性,恰恰相反,在于对西方现代性的批判和校正,在于其后现代性。(2019-5,第129页)

在西方,后现代目前有向现代妥协的趋向;在中国,后现代主义从输入的那天起,就是为了论证现代性的合法性。"启蒙的计划"如果说在西方尚未完成的话,那么在中国至多只能是刚刚起步。在西方,启蒙计划之尚未完成意味着"启蒙"的"辩证法",是过度"启蒙"所带来的副作用,是吁求回到"启蒙";在中国,启蒙之刚刚起步则意味着中国不仅需要现代性,而且同时还不能重蹈西方现代性的覆辙。在现代性刚刚起步阶段即遭遇西方的后现代性,这看起来似乎是中国后现代性的时空错位和因果的尴尬,但实质上是它面临着双重的使命:启蒙,与对过度启蒙的校正。在西方只要"启蒙的计划"尚在实施,在中国只要它已经起步,不再回头,那么后现代性便不会失去其作为批判性的存在价值。(2003-4-2)

中国自鸦片战争以来的现代性运动,是由西方世界所发动而推向全球的现代性运动的一个部分,同样,20世纪90年代以后我们对现代性的反思和批判也是西方后现代主义的现代性再检视的一个东方回应。我之所以一直坚持后现代主义在中国仍然是本土性的,乃是由于在考虑到中国的不充分的现代性的同时认为,第一,现代性的任何实现一方面呈现为差异性,另一方面也潜在地决定于其共同性。因而,第二,对现代性之共同性的反思,也同时是对我们自己历史经验的省察。既然现代性在中国已经是一个作为进程的历史事实,那么反思现代性就不仅是一个历史的,亦即现实的内在欲求,而且也为未来可能出现的过度现代性建立一个预警机制。(2001-6-1,第13页)

后儒学转向

【本组摘录以"后儒学转向"为题,主要包括作者围绕"现代性儒学""后儒学转向""孔子与后现代主义""孔子的主体性建构""儒学的当代价值""中国现代性"等话题而展开的相关论述】

攀龙附凤、曲学以阿世/时的现代性儒学,即以对传统儒学的再诠释而攀附西方价值观,早该让位于批判性和对话性的后现代儒学。新世纪的"新时代"是自信和对话的时代!当今的"文化自信"反对任何一种形式的崇洋媚外,直接的(如"全盘西化论")抑或间接的(如现代新儒家一类)。(2019-5,第129—130页)

后儒学不是后现代与儒学的简单相加,而是儒学对后现代主义所凸显的那些当代世界的主要问题的回应。儒学在其本质上是前现代的,因而百年来它一直为中国现代性所排斥;但是，当现代性变得问题丛生的时候，一种辩证否定的思想逻辑必将儒学推进到后儒学阶段。后儒学的主要工作是借鉴后现代理论而展开现代性批判。儒学要发挥其当代价值，当在于它能否踏上一个后儒学之途，套用流行的术语就是，能否实现一个"后儒学转向"。（2008-Z，"前言"第1页）

后儒学是现实主义的解释学，它深深地植根于中国的历史与现实。（2008-Z，"前言"第2页）

儒学的当代价值就是它的后现代价值。（2016-2-1，第1页）

儒学的重心，从来不在于神而在于人，从来不在于天道而在于人道，从来不在于超现实而在于现实，即简言之，在于其强烈的入世精神。（2008-Z，第42页）

任何的具体化都不只是时间化，而且也是空间化，简言之，是"情境"化。我们总是处在一定的"情境"来重述历史的，这是我们的局限，由于这一局限，历史从未以其本真的方式出现过，但也是历史的解放，它不再尘封于过去，而是借着一个新的情境而复活。就此而言，现在先于过去，过去早已死去，是现在赋予它以新的生命。［……］既然有真"情境"、真"问题"在，那么关键就只在于孔子思想是否依然葆有它自始以来与以往历代之"现实"的对话能力。（2008-Z，"前言"第2—6页）

过去是无法出现于当前的,其出现之多寡取决于当前之需要。固然可以说一切历史都是当代史,但这也只是说,一切历史都将被当代化,从而也不再是原先的历史(遗产)。(2019-2,第67页)

复原历史,在其严格的意义上,就是剥夺历史的生命,让历史归于历史,让历史沉默,让历史失掉对我们言说的能力。然而事实上,任何复原历史的企图或冲动都是现在对历史的要求,是现在对历史的呼唤,于是有了连绵不绝直至如今的历史。孔子思想之所以能够历两千五百余年而不衰,就在于总有无穷的"当代"在呼唤。它被不断地呼唤而形成中国思想的一大传统。孔子思想被呼唤为"儒学"。如此的儒学虽不再是孔子本人的思想,但孔子本人的思想却得以在各种"儒学"中生生不息。(2008-Z,"前言"第2—3页)

过去,我们总是批评孔子以后的儒学对孔子的误解、歪曲,而未能意识到这是任何解释学行为之本质而必然的存在方式。对历史的任何具体化、时间化和空间化,或者"情境"化,不仅是无罪而且是有功于历史。同样,对于孔子的任何"情境"化的阐说,都是对孔子思想之生命的确认、保护和加强。不存在错误的解释,而只有不同的解释。我们以之为错误的解释,似乎是我们的理解未能取得与文本的一致,而实质上则是我们从一个错误的"情境"出发,我们缺乏"现实"定位，我们还未开始变先已错了。这也可以反过来说，我们将作为理解对象的文本植入了一个错误的"情境"。理解的错误不是对理解对象的错误理解，而是对理解所由以出发的"情境"的错误理解。(2008－Z,"前言"第3页)

将孔子思想与后现代主义这样两个相距遥远的话题扯在一起，其可争议之处不是我们能否从后现代主义阐扬孔子思想价值，而是有无后现代"情境"之存在。若无，那就是一场虚构的对话了，首先当然是虚构了这样一个"情境"。但要确证一个"后现代情境"的存在将会使我们陷入一场更大的论争。它或可能就是一片无底的沼泽地。[……]对于我们来说，重要的不是孔子思想与"后现代主义"的对话，而是通过"后现代主义"而进入它所指示的现实，即与为"后现代主义"所凸显的当代世界的种种问题的对话。(2008－Z,"前言"第3—6页)

任何命名，任何术语，任何能指，对于它所指称的事物来说，都不是完全准确的。它们之间的关系，犹如德里达一个形象的描述，是"接缝"(la brisure)，既是断裂，也是联接。[……]我们可以抛弃"后现代"的命名，但我们无法抛弃它所揭开的事实。[……]在意识到任何命名都是"接缝"之后，选取"后现代"可能就是最好的一个"权宜之计"了。(2008－Z,"前言"第4—6页)

当前的中国现代性，如西方进行了数百年的现代性一样，也开始为"文化间性"的问题所纠缠。全球化不再是我们的外部，它正在向我们自身内化。我们如何能够为解决当代世界文化冲突贡献一份中国式的智慧，于是也日渐成为一个需要面对的任务了。对世界的贡献将同时就是对我们自己的爱护。[……]我们当努力寻找儒学对于处理中国现代性之国内国际问题的启示和意义。这就是后儒学，这就是被中国现代性种种问题所复活了的作为前现代思想的儒学。它是前现代的，因而也是后现代的。(2008-Z,"前言"第8—9页)

后儒学也将在中国现代性之展开过程中、在此过程所产生的重重问题中而获得自己的生命和价值。我们甚至能够说，不是后儒学自己为自己开辟道路，而是现代性问题为它开辟道路。[……]在原则上，它不能像现代性的"五四"新文化运动对它曾做的那样，只是简单的砸烂、丢弃，而必须是"扬弃"，是有继承的否定和有否定的继承，是超越，既超越对方，也超越自身。(2008-Z,"前言"第9—10页)

孔子学说的目标就在于建构一个伟大的主体或人的主体性。其一生所历的六个阶段，即"吾十有五而志于学，三十而立，四十而不惑，五十而知天命，六十而耳顺，七十而从心所欲不逾矩"可视为一个伟大主体的建构过程。这一主体的主要内涵是"仁"以及"智"，二者之结合可达其极境即

"圣",是孟子所谓"仁且智,夫子既圣矣"。[……]我们认定这是一个主体的自我建构活动,不仅是因为其目的是把自我锻造成为一个圣者,而且还因为它强调一个从自我出发的原则,这一原则包括以自我为本位以及自我在这一过程的自觉性和能动性。[……]我们可以得出的结论就是,主体性建构对于孔子而言,是一个由自我出发、为了自我并最终成于自我的过程,即是说,一个自我主体性的建构过程。(2008 - Z,第20—22页)

我们即使最保守地也可以断言,孔子对于在人之外的自然及其存在是有着极为确定的意识的,也就是说,在孔子这里,"天""人"是作为两个相互独立的范畴的,移用西方哲学的语言说,孔子同样具备主客体二分的意识。[……]因而同西方哲学一样,孔子也具有主体性思想。[……]由于孔子的全部说教都在于建构一个伟大的主体性,这一主体性按照他的说法就是"仁""智"与"圣",那么其所针对的客体或客体性则就是与"仁""智"和"圣"在主客体二分图式中处于另一极的品质或属性。(2008 - Z,第25—27页)

在孔子看来,接纳或引入他者之于建构主体性之所以是必要的,不仅在于从一方面看,我己所蕴涵的一些自然方面是新主体所必须克服的对象,而且在于从另一方面说相对于新主体,它只是无,即是说,就我己之消极性言之,它没有为新主

体提供任何可被转用的材料。(2008-Z,第30—31页)

现在我们习惯于说学习是对自我的充实和丰富,但是由于我己之消极性,学习在孔子思想中就是从无到有的主体性创造。学习本质上是对他者或对象的吸纳。由于孔子较少关注大自然及其规律,较少在二分的意义关注人与大自然的对立和相互作用,因而学习及吸纳他者或对象在他就主要是社会及社会之道,是人际及人际关系。(2008-Z,第32页)

在中国哲学史上,是孟子、董仲舒、朱熹、王阳明以及当代的牟宗三先生等将孔子的仁学阐发成为一种本体论学说的。这到底是一个创造性的阐释呢,还是创造性的歪曲?[……]我们理解牟宗三先生将"仁"本体化的良苦用心,这就是在为自鸦片战争以来日甚一日地陆沉着的中国文化撑起尊严,在你有我也有之争竞中求取与西方文化的平等地位。然而这样做却可能恰恰落入后殖民主义的圈套,即不自觉地依照西方的知识框架剪裁中国哲学,落得个不伦不类。如果在此意义上论说,那么无论我们认为"仁"属于或者不属于本体论范畴,是或者不是本体,那都将是对西方话语霸权的服从。(2008-Z,第36、52页)

应当回到孔子,回到一个实践性的建构性的和无限开放的"仁"。这样一个孔子,一个孔子的"仁",将是否足以破除道德良心的解释必须预设神性的存在这样一种现代哲学观念,虽不可以乐观期待，但似已引导我们进入对于无形而上学的人学是否可能的问题的思考。还是尼采那个问题：上帝死了，人将何为？（2002 - 5 - 2，第 117 页）

与现代性西方在自然的征服中、在人的自然欲望的膨胀中建构主体性的方式完全不同，孔子指明了一条别开生面的后现代性的主体性建构之路：克己，虚我，爱人，换言之就是，主体性在对他异的承认、参与和责任承担中完成其自身的建构。在这条道路上，列维纳斯半途而废，他要主体承担对他者的责任，但认为这责任来自于神的大爱；哈贝马斯亦虎头蛇尾，他把主体与他者的交往扭转为主体与主体的交往，但又以实质上的前一主体的理性作为交往的保证——这有可能使他们重新退回西方文化中心论，退回到绝对的形而上学。（2002 - 2 - 1，第 42 页）

孔子的主体性建构思想作为一个生活智慧无疑至今仍能指导我们作为个人如何立足于社会、成就于社会，而且我相信其作为一个政治智慧也同样能够为我们作为一个民族如何处理自己的和他民族的利益、价值、文化之关系，提供一个有益的思路。其作为生活智慧和政治智慧在今日之活力和有效性，源自于在一个主体间性的构架中主体与他者的相互作用，以及作为相互作用的两极主体与他者的平等。如果今人尤其是今日的西方人真的渴望和平，无论是人际的、国际的或文化际的，那么就应当虚心地听取孔子的教诲。（2008 - Z，第 57 页）

解释学

【本组摘录以"解释学"为题,包括作者围绕自施莱尔马赫以来德国解释学传统所做出的一系列论述,主要涉及对"辩证解释学""间在解释学""文化解释学"的开掘和阐发以及对一般意义上的"解释""理解""语言""对话"等话题的重读和再议】

阐释总是一种意义强暴。(2015-1-2,第96页)

不存在错误的解释,而只有不同的解释。[……]理解的错误不是对理解对象的错误理解,而是对理解所由以出发的"情境"的错误理解。(2008-Z,"前言"第3页)

当代赫尔墨斯学的一个重大变化是从施莱尔马赫为代表的认识论模式向海德格尔所开辟的本体论或存在论的转折。认识论模式以"作者意图"或更复杂一些的"文本意图"为标准,合之则为好的阐释,不合则是坏的阐释。本体论或存在论的模式则是把阐释看作阐释者置身于世，因而其阐释也是置身于世的活动。认识即存在，作为认识的阐释也是存在，赫尔墨斯学因此不是关于而是属于"此在"的阐释，是"此在"自身的开显过程，就此而言，赫尔墨斯学实际上就是现象学。（2012－3，第105页）

主张对话是自施莱尔马赫以来德国解释学的一个优秀传统。施莱尔马赫叫它"辩证法"。对话是这个词的本义。我所谓的"辩证解释学"就是以对话为核心的解释学。（2003－4－3，第53页）

所谓"辩证法"，其本义是同时言说到两个相互矛盾或对抗的方面。这因而就是说"辩证法"首先是语言的辩证法，而绝非事物本身的辩证法。"辩证法"的妙处在于它既承认语言的局限，又能够在不抛弃语言的情况下成就语言的功能，即由"言"而及"道"。"辩证法"不执着于任何单一的述说，而总是尝试找出与其相反的另一述说，以使它们相互之间显露并从而抵消其片面性。（2015－3，第2—3页）

在施莱尔马赫看来，研究"怎么说"是为了弄清楚"说什么"。一句话，语言的本体论无法替代语言的认识论。（2001－6－2，第144页）

伽达默尔将语言作为解释学的一个核心论题，甚至在他也可以说，语言的就是解释学的。因为语言的本性就是对经验的

共享，就是对对话的预设；更进一步，我们原本即是语言，或者反过来，语言即我们的存在。(2005-12，第54页)

按照伽达默尔的说法，如果我们要做出判断，就必须站在自己的出发点和文化传统上。我们身处传统之中，它是先在的、先验的，不受制于人的主观意愿。这就是"文化无意识"的观念，或者叫"无意识文化"的观念。(2019-8，第15页)

如果说自笛卡尔以来的哲学主流是心物二元论，是主体性哲学，那么伽达默尔所选择的哲学则是胡塞尔在"意向客体"中找到的现象学哲学，即有现象则必有显现者，有意识则必有客体（没有空无一物的意识）。以此为原则的哲学解释学肯定人的存在的本体性而非主体性。这种解释学以人的生活存在、以人的不经反思的存在为其出发点。(2019-8，第15页)

伽达默尔的名言——"能够被理解的存在是语言"，与其视为他将语言本体化的努力，毋宁读作这种努力的失败，扩大而言，毋宁读作他那个雄心勃勃而又审慎论证的哲学解释学计划的破产。[……]语言本体论所假定的语言与世界的统一，不是说语言即是存在，而是那种"能够被理解"的存在，此外还有不能被理解的存在，一个不能为语言所致达的世界。反过来说，存在如果是可被理解的存在，那它就必须是存在于语言中或经由语言而存在。而在这一意义上，理解即语言，没有不是语言的理解。(2010-2，第69页)

所有"阐释"都是相互阐释，相互召唤，相互激活，以及相互呈现。［……］阐释者必被阐释，这不关阐释者的意愿。互文性阐释，若是依据克里斯蒂瓦的看法，则可能带来"互文不确定性"，文本的自主性、权威性在互文中被颠覆、瓦解，但另一方面它也可能带来"互文确定性"，文本在互文中被定位、勘测、厘清，从而被效果化，如传统中国解释学命题"互文见义"所表明的。（2015－1－2，第84—85页）

阐释是作为"此在"而非作为"主观"之间发生于真实情境中的相遇，是"个体间性"的反应，是"此在"间性的交往行为。（2012－3，第105页）

胡塞尔现象学"主体间性"的意思是主体之间的相互悬置和取消，从而臻于一个纯净的"先验自我"。由是观之，"主体间性"在胡塞尔实乃其"先验自我"的另一版本。（2012－2，第104页）

伽达默尔的"效果史"概念试图在真理与方法之间做调和。［……］在伽达默尔，完美的理解就是方法与真理的合二为一；这时方法便不再是那种他所深恶痛绝的科学主义的方法。我们要警惕，真理与方法的完美切合永远是一个解释学的梦想；不存在完美的切合，裂缝从来存在，也永远不会全部弥合；而这也恰恰是继续阐释的动力。我们要学会接受争论，接受歧见。争论和歧见将显露出各自方法或视角的局限，从而扩

大各自的视野。(2014-4,第147—148页)

现象学传统内的解释学和接受美学既不支持文本主义,也不偏爱读者中心论,由它所派生的文化解释学既不是"文化帝国主义"的,也不是"文化民族主义"的;超越于二者之上,它支持的是一个哲学的"全球化"概念,一个文化间相互作用的概念。(2008-2,第6页)

解释学就其深远的现象学渊源而言是一种现代性取向的哲学,而以其在接受美学中的发展即对读者在文本意义建构中之作用的强调而观之,它又是罗兰·巴特"作者之死"那样的后结构因而后现代的话语。(2008-2,第6页)

哲学解释学的接受美学令学界惊异之处,不在于对有机而封闭的文本结构的眷顾,而在于在"对话"、在"读者反应"中对文本意义从作者霸权那里的解放。(2008-2,第6页)

对话是伽达默尔哲学的灵魂,包括与传统的对话,与他者的对话,与文本的对话——解释学与解构论的分歧主要是美学上的,即能否与文本、与文本的意义进行对话。(2003-4-3,第53页)

德里达反对于解释学的意义"延异"性,这个看似纯粹属于符号学或修辞学的问题,实则是他对"在场形而上学"的解构,对以理性、知识和真理为名对一切他者和差异实施排斥、压抑和整合的哲学暴政的颠覆——这就是德里达何以对高

度政治取向的多元文化论者如霍尔和女权主义哲学具有无穷魅力的主要原因。(2009-3-1,第60页)

在德里达解构语言学的视域内,所有的能指都仅仅是能指,挣扎着抓住所指而终于不能,但既为能指,便处在永久的挣扎之中。(2008-Z,第67页)

毫无疑问,方法论就是哲学,既然解释学是关于理解行为的方法论,那么它一定就是哲学的。(2001-6-2,第142页)

方法的普适性,即是说,任何一种方法都会在任何一种对象中发现它能够发现或发掘的东西。不是只有西方作为研究中国的方法,中国也可以作为研究西方的方法。每一种方法都能照亮在一种文化中被其突出特色所掩盖着的方面。就此而言,方法是促使一种文化发生变革甚至于革命的力量。(2014-4,第148页)

人类是一种现象学的、星丛性的存在,我们在显露自己,显露给他人,但同时也在扣留、守持自己。我们在寻求被理解,也在拒绝来自他人的理解。我们欢迎被阐释,我们也在抵制阐释。我们是赫尔曼斯所谓的"对话自我",是巴赫金所谓的"开放的统一体",我们处在显与隐之间,时隐时现。(2012-3,第106页)

共同的人性、共同的需求、共同的审美经验,这种共同性既存在于显性的话语层面,也存在于隐性的本体层面。否认这种共同性将无法解释古往今来实际发生着的各民族（或部落）之间的交往和对话，无法解释文学作品何以被跨界阅读和接受。（2014-4，第148页）

界定文化固然是在描述、归类人类的某种活动，但更重要的是在完成一项文化使命：我们通过界定文化为未来的文化制作蓝图。我们在介入和干预一种文化的进程，修正或扭转其发展方向，甚至也可以说是在创造一种新的文化。界定是一种解释活动。（2019-8，第11页）

经典之所以为经典，诚然在于它能够超越时代而不断地对后人说话，但那绝不是代替后人说话，而是通过后人而说话，即经典的生命是它之被阅读、被解释，它之被置于与后人的活的对话之中。（2008-Z，第75页）

公共阐释必须是各种不同之阐释理性的勾连和协商，是多声部的而非独白式的阐释，是星丛性而非金字塔式的阐释共同体。简言之，公共阐释不是话语的强制阐释，而是基于真理的协商性阐释。（2019-1，第19页）

过去是无法出现于当前的，其出现之多寡取决于当前之需要。说一切历史都是当代史，只是说一切历史都将被当代化。［……］历史不是同一物之轮回，而是同一物在时间之流中不断更新自身，即不断地生成，不断地成为非同一物的过程。（2020-9）

争论从未休止，共识总在形成。（2018-Z，第100页）

共识在交往理性中形成，或者说，共识以交往理性为基础，再甚或说，二者是可以相互解释的。这就要求共识必须完全依循交往理性的精神原则：第一，共识必须是多种视点、多种理性的表接；第二，共识还必须能够协调介入交往活动的多种理性、多种主体之所代表的多种物质性利益。反过来说，共识不能是独识，不能是一种理念的排他性存在；共识也不能是空洞无物、画饼充饥，共识必须随时能够兑现。落实在政治上，共识不能是专制独裁及其意识形态，也不能是谎言和欺骗。［……］作为"共同的信念"，共识必须是非强制性的、彼此之间心悦诚服而达成的。（2019－1，第19页）

没有什么异质能够被消灭，它们只是以一种在边缘、在地下、在无意识的位置与"共识"隐隐地连接着，它们将是改变当前之"共识"的潜在力量。（2011－2，第50页）

葛兰西的"霸权"与马克思"统治观念"（ruling ideas）所不同的是，它倾向于走出阶级视角而承认社会"共识"（consensus）或"常识"的存在。（2010－2，第72页）

人类不能单纯地生活在"解释的世界"中，但总是靠着"解释"生活在世界上，无论这"解释"是可以证实的判断抑或客观性乏绝的信念甚至完全是超验性的信仰。这就是理论之真正的"后现代"状况。"后现代"绝不是虚无主义。"后现代"之后，我们既要认识到理论和解释的"言不及义""词不达物",也决不可放弃传统上所赋予它们的使命。理论和解释不仅是使生命得以存续的工具,而且它们就是生命本身的展开与迸发。(2012-2,第99页)

我们推荐的理论和方法是"间在解释学",即各民族、各文化共同体、各位独特的作家和艺术家立足其自身而发出"对话"的邀请,在此相遇的"对话"空间里,所有的参与者都是既坚持了自我又展示了自我,既意识到了自在的他者又学习了显现的他者,从而一个间性的文化共同体和审美共同体便有望形成。(2012-3,第107页)

英国文化研究

【本组摘录以"英国文化研究"为题,主要包括作者围绕威廉斯和英国伯明翰学派对"文化"的定义、文化与社会的关系、"积极受众"等话题所展开的论述】

英国文化研究与后现代理论同气相求、互为知音,但是必须看到二者目标相同所掩盖的出发点的相异:后现代理论的主要来源是索绪尔的符号学,特别是其中所蕴含的对于"主体性"进行解构的倾向,能指只能达及作为观念的所指,而无法进入现实,能指所指向的不过是另一能指,意指活动不过是一条纯粹由能指所构成的漂浮的链条,因而所谓的"主体"在言说结果就成了被言说——被能指所言说,被文化所言说,被传统所言说,等等,它是代言人,代他人言说而不能自己言说或者言说自己。[……]英国文化研究,虽然并非总是如此,但至少就其与"文化帝国主义"相关的媒介受众研究而言，其最重要的理论支撑则是对主体性的坚持，具体说，就是将媒介受众作为话语主体，更关键的是，作为个体主体。[……]在莫利的媒介受众研究上，在霍尔的编码/解码理论上，在他们将受众作为"主体"上，可以说，英国文化研究就是"现代性"文化研究。（2011-1-1，第163页）

"文化"定义在当代一个最显著的变化是：它逐渐脱离文本而走向社会，脱离精神而走向生活，脱离精英而走向大众，脱离中心而走向边缘。（2013-5，第1页）

"文化"乃归属于一种生活方式，必须经由生活化，在生活中呈现出来。民族志的"文化"不是一种自上而下的文化观念的现实化，它首先表现为一种生活实践，在这实践中庶可找出"升华"的即弗洛伊德所谓的"文化"的功能。（2012-3，第113页）

在文化的物质性或生活性定义中，两种方向相反的说法并不矛盾，前者说的是文化的"滋养"，后者讲的是文化的"滋生"。滋养是有以养也，指一种文化在其成长过程中将其他文化作为营养的汲取，是他养；而滋生则是自生，即自身的延展，或者说，其性质不是由外面加进来的东西所界定的。滋生并非不需要外物的滋养，而是说外物必须服从滋生本身即由其性质和实际状况而伸张的需求。若从滋养和滋生两种视角综览文化的变化和发展，那么对外来文化的借鉴和借用属于滋养，而这种滋养相对于文化自身的滋生来说则具有次生的、添加的和外位的意思。这种文化在其起源处,在其原初语境中,本来是也是滋生的,所有的文化就其自身而言都是滋生的,但其一经移徙于其他文化土壤,则旋即由滋生蜕变为滋养。由于语境不可移植,因而可以移植的便是能够从语境中剥离出来的、可以付诸言传以及意会的精神、意识、理据等,简言之,话语。(2018-3,第56页)

在威廉斯的关键词中,"文化"即"社会",反之亦然,"社会"即"文化",而"社会"在他也就是"生活"。这是他扩大"文化"概念为"全部的生活方式"之必然的和逻辑的结论。(2006-4,第73页)

威廉斯在"文化"的意义上所讲的不是本然的"生活",它是"生活方式",而所谓的"生活方式"不过就是在社会中"生活",为"社会"所组织和引导的"生活"。若只是"生活"而不进入"社会",那便不是有了"方式"的"生活"。是"社会"赋予"生活"以"方式"。威廉斯的"生活方式"应当就是"社会"的一个别名;当其作为"文化"的定义时,也完全可以说,"文化"即"社会"。而我们从前的习惯是,说"文化"即指其精神层面,说"社会"则侧重其物质要素。(2012-3,第118页)

这是威廉斯的"文化唯物主义"的秘密:在他的"文化"

构成中，看似吸收了阿诺德-利维斯精英文化概念，即智识的和精神的文化，它们是认识论的成果，然一旦其进入日常生活，进入"物质的"日常生活，文化便成了本体论的概念。这也是海德格尔—伽达默尔解释学视原属于认识论的"理解"为本体论存在的奥秘：他们置"理解"于我们生活于其间，并构成我们"此在"、我们"在世之在"，因而无由逃脱的文化传承物，即所谓的"前有""前见"和"前摄"等，而这些理解的"前结构"，如果它们是一种认识，但此认识也是归属于存在者即处在各种关联中的具体的人的认识。［……］威廉斯从人类学出发，海德格尔从其"基础本体论"出发，殊途同归地将认识性和超越性的"文化"拉回到现实性和内在性的日常生活。(2012-3，第125页)

经威廉斯对"文化"的再定义，文化研究就不再只是"研究文化"，而成为"文化地研究"或"文化的研究"。其中"文化"一词限定了"研究"的性质，具体地说就是，研究文化应当遵循"文化唯物主义"与"指意实践"即"文化"的理论路线，而这样一个方法论的转换则势必带来研究对象的变化或者视域的扩大。(2006-4，第74页)

以威廉斯为先驱的英国文化研究在20世纪50年代末的兴起，宣告了阿诺德精英主义"文化"观的终结，即为阿诺德所排斥的"大众"在威廉斯这里开始成为"文化"的题中之义。"大众文化"之挤入"文化"的一个重大理论后果是，传统的"文化"版图被实质性地改写了；如果说以前"文化"一直主要地就是"艺术"文化，那么"文化"版图被改写的一个美学后果则是美学将不能再是仅仅关于"艺术"的学问；换言之，威廉斯以后，美学的任务将是如何对待"大众文化"这种"非艺术"现象，一方面它无法为传统的"艺术"概念所涵括，另一方面它又不是完全与"艺术"无涉，而有着大量的挪用和重构。（2009-3-1，第61页）

英国文学就是"英国性"，它意味着一种具有自身统一性因而排他性的文化身份。霍尔在出身上的殖民地印记使他无法为英国社会所承认地进入"英国文学"领地，这恐怕是作为英国人和英国文学教授的威廉斯所不能体会到的外来人的隐痛，这从而也有可能决定了威廉斯在文化研究上不具有霍尔自然而然地就走出来的一些新维度，如对差异性、后殖民、流散、身份和族性等问题的关注，决定了他们在文学与文化之关系这一最基本的文化研究主题上所持观点的不同底色，譬如同是反对"文学"，在威廉斯是反资本主义，而在霍尔则是反帝国主义。"文化"是他们暂时的同盟，最终难掩其内在的分歧。（2006-5，第43页）

霍尔之所以能够成为英国文化研究的代表，最根本的原因是"文化"的定义在英国发生了重大转折，即"文化"不再是"文学"的"文化",不再以"文学"为其精髓、标志和圭臬。如果说"文学"是单一性的话,"文化"则是多元的和混杂的。(2006-5,第43页)

霍尔其实并不关心语言的语言学问题,其兴趣只在于语言的政治学问题,在于一个再现的政治学问题。而只要将语言定位于"再现",那么霍尔便可自由地为我们展示语言的叙述性、话语性、意识形态性,简言之,语言的意义政治化了。这是因为,"再现"假定了语言与世界的二元图式,从而也是假定了语言如何和能否"再现"世界的问题,假定了"再现"的真理性以及合法性问题。(2010-2,第69—70页)

全球化浪潮目前正在激荡着现代性、主体性和他者性等西方启蒙哲学以来的这些关键词,霍尔将它们置于现实基础上的热切讨论,并从中所转化出的新的侧重点如流散、种族、新族性等,昭示了英国文化研究正在由国内指向发展到国际指向,由威廉斯等打下江山的"文化研究",其"英国性"正在为"国际性"所取代,一个可以名之曰"国际文化研究"的新学科或新的跨学科在逐渐形成并开始为学界所认可、所操演,这有可能成为中国学者进入"文化研究"的一个新契机。(2006-5,第44页)

文化研究固然无所不包,但它背后有一原则,就是研究各种文化形式,即各种意指实践,尤其是其可能被模糊、被掩盖和被

歪曲的含义,以恢复其本来的面貌。因此,文化研究与其说是一门学科,倒毋宁说是一种研究方法和观察角度。(2017 - 3)

文化研究总是倾向于选择那些意义最为重大至少是最为有趣的问题来研究,而当代各种社会问题中,恐怕没有什么比政治牵扯面更广从而意义更为重大的了。就此意义而言,文化研究实乃文化政治学![……]文化研究一向关注政治问题,这一点与批判理论类同,但其在日常生活方面涉猎之广,则为后者所远远不及,因而在英语世界以及中文世界,文化研究便后来居上,几乎囊括或取代了批判理论。一切批判理论当今都可以归在文化研究的名下。已经没有必要再来区分什么批判理论,什么文化研究了,它们已经合流,合二为一。(2017 - 3)

理论的价值在于它总是能超越自身所产生的语境。理论在英国文化研究中从未取得过统治地位。文化研究的精髓是区域研究、实地研究、具体问题的研究。文化研究不是文化"理论"。(2011 - 1 - 3,第6页)

文化研究将文化定义为"意指实践",即运用符号创造意义的过程及其成果。符号无贵贱之分,无精英与大众之别,一切符号均可用以表情达意,或者说,任何符号均为生命之形式。这种符号界限的模糊,将导向对一切文化形式的开放。(2017 - 3)

文化研究乃消费社会或大众语境下的学术生产,其关注的是文本的大众性和可消费性。更准确地说，文本自身没有意义，有意义的是其大众性和可消费性。如果说解构主义依然执着于一切意义均在文本之内，那么文化研究则相信，文本之内空无一物，意义远在文本之外。（2005-Z，第13页）

没有对象，意味着一切可为对象；没有方法，是说一切方法都可以拿来使用。文化研究之所以能够无所不及（对象）、无所不用（方法），即是说，举凡世间的一切想象、问题都可揽入笔底，细细打量，举凡历史上出现过的一切思想都可任我驱遣，为我所用，其原因便是对于这种无对象、无方法的信仰和坚持。（2017-3）

在法兰克福学派和波德里亚那里，在与法兰克福学派相似的美国传播模式以及其他一切线性传播理论中，都没有真正意义上的"受众"研究，受众不值得研究，信息或内容或文本就是一切，"受众"在传播过程中的作用几可忽略不计。（2010-2，第70页）

霍加特以其经典性的著作《识字的用途》，开辟了将"民族志"方法运用于读者和受众研究的范例和传统。正是由于这一方法的运用，受众研究才找到了大众媒介中仍然可能坚持其个体性的受众。（2012-3，第112页）

莫利的积极受众包含了一个被社会性地更新了的个体。没有个体性，便没有受众的积极性。［……］个体性是莫利早年重新界定媒介受众的出发点,是其"走向受众人种志"的逻辑前提。[……]莫利深知,要突破法兰克福学派的"文化工业"论,就必须将"大众"加以辨别和细化,将其视为活生生的独立个体。(2012-3,第115页)

莫利的卓异之处在于:他不是对"受众"采取综合而辩证的观点,即将"受众"同时置于话语之内、之外,而是如海德格尔—伽达默尔解释学那样,将"受众"的认识论问题作本体论处理。莫利这样做或许受了威廉斯"文化"定义的浸润,即将"生活"提升为"文化",或曰将"文化"落实为"生活"。莫利在其关于"受众"的"社会"本体论的建构中,置"受众"于"社会",具体地说,置于"日常生活"之中。(2012-3,第118页)

莫利受众论之中心议题是如何看待作为话语的媒介信息对受众的作用。媒介信息作用于受众的两条路径:一是观念性的,二是现实性的。在受众方面,受众一是为话语所编织、所构成,二是作为"受置的受众",是作为受置于社会、日常生活、家庭语境中的"受众"。于是受众也因其自身的双重负载而同样具有回应媒介信息的两条功能路径:经由观念,或者经由现实。(2012-3,第120页)

莫利对于英国文化研究的贡献就不只是将其政治的或意识形态的分析和批评扩大到家庭的和私人的领域,而更有在理论上创造出一个因其物质性而成就了其积极性的"受众"概念。其积极性不是来自于"看电视"这样的主体性、认识性活动,而是来自于"不看电视"那一受众的日常生活实践,它进入"看电视"并于其中行使其在来源和构成意义上的决定权。而正是由于受众之日常生活实践的介入,媒介信息才不能直接地殖民于受众的头脑。媒介信息或编码者的话语框架必须接受受众之日常生活的质询、重组。(2012-3,第121、124页)

莫利的家庭语境论是语境论的微观形式,他总是兼之以宏观语境论,以"一叶"而知"秋",窥"一斑"而见"全豹"。[……]莫利不仅没有放弃文化研究的"宏大叙事"传统,而是将其贯彻到家庭这一微观层次,在文化研究史上创造出一种微观政治学的范式。[……]这确乎是莫利对英国文化研究的一大贡献,即任何宏观政治最终都必须经由微观层次而发生作用,这微观是个人,是家庭;而如果那宏观也是意识形态及其教化,那么相应地,这微观将是日常生活,是物质性的社会存在。(2012-3,第119—120页)

"受众"一定先是在别处,而后才可以被置。这个"别处"是现代性哲学的认识论;这个在"别处"的受众是纯净的认识主体。可以说,是认识论发明了受众。而受众是一直在它该在的地方,未曾寸步移离。这个地方是日常生活。(2012-3,第

123 页)

莫利的积极受众论并不放弃话语这条典型的英国文化研究路线,他在话语以及诸话语之间寻找可以突围的裂缝:一是将意识形态话语置于与社会存在的动态关系之中,二是将阿尔都塞的"询唤"接合于佩舍的"交互话语",让"询唤"成为"交互询唤",于是决定论的意识形态"询唤"便被撼动以至瓦解了。遗憾的是,莫利未能将无意识或实在作为受众之积极性的最终源泉。(2011-2,第48页)

在英国文化研究史上,莫利的积极受众论仍然行走在为阿尔都塞所规定方向的话语路线上。他所做的是,与此路线平行,又给出"社会存在"一线,让"意识形态话语"与"社会存在"构成一种张力关系。不是取消"话语"或"交互话语",而是将"社会存在"作为一种背景进而也是作为一种话语元素置入话语交流,让本不说话的"社会存在"能够在"交互话语"中说话。(2011-2,第52页)

就文本多义性与接受活动之关系而言,是接受之相对独立于文本意图,是接受之特殊的位置,是接受话语的主体性,使文本呈现出其多义性来。可以认为,是受众决定了文本的多义性,它是受众的效果。一个文本即使是单义的,对受众也可能呈现出多义性来。受众从来不是理想的受众,它先于和外于文本而存在,它带着其"先在"和"外在"而进入与文本的交

互作用。(2010-2,第71页)

"积极受众"论创造了一种抵抗的受众诗学,它以"日常生活"改写了受众在"文化工业"论中的被动性。但它并不算彻底,因为"日常生活"是"日常"与"生活"的汇聚、凝结,这"日常"乃是"方式""话语"和"意识形态"的同义语。寻找抵抗的最终资源需要回到受众的生命存在或物质性存在。(2011-1-2,第61页)

积极受众论研究在美学上的启发是,阿尔都塞等人的"审美意识形态"论未能认真审视作为感性的"审美"与作为一种理性的"意识形态"之间的不调和关系,除非感性被处理为审美的外观。(2011-1-2,第61页)

积极受众论是伯明翰学派对电视研究的一大贡献;从广义的大众文化研究看,它是对法兰克福学派"文化工业"论的重大突破。[……]我们绝不想全盘否定"文化工业"论,但若没有"积极受众论",对于大众文化的"认知图绘"将是残缺的。在学术史和知识建构的意义上,我们需要"文化工业"与"积极受众"的相互增补和映照。(2011-1-2,第62页)

菲斯克的"民众"(the popular)的反抗总是在"战术"的层面上,即以游击战的方式袭扰资本主义的文化"战略"。"民众"就其作为"民众"而言,没有自己的"战略",而一当其可能形成自己的"战略",它便不再是"民众"而是统治者或即将的统治者。文本阅读的"民众"性不足以说明文本"操纵"的全然失败,购买一件商品同时就是对其意义的某种承认。(2008-2,第6页)

叔本华美学

【本组摘录以"叔本华美学"为题,主要包括20世纪90年代中后期作者对叔本华哲学与美学思想及其当代价值的阐释与相关论述】

叔本华将康德的"自在之物"原创性地解读为他的"意志",发动了西方哲学史上又一场哥白尼式的革命:传统意义上"意志"作为一个哲学概念一直是主体性的和隶属于现象界的,从未有人将其尊为终极的本体;叔本华大胆地向这一约定俗成的语义挑战,将一个主体的和现象的意志擢升为客体性的和本体性的自在意志。(2000-5,第67页)

叔本华的意志本体论具有丰富而复杂的意义:一方面人被归结为意志、欲望,人因此而被他认为陷入了无望的深渊;另一方面由于人不再是纯粹的理性之"思",而是有血有肉的"身体",人的身体性从此便又受到了特殊的关切,既坚执于寻找形而上的超越本体，又认定其内在地属于现象的和主体的意志。因此从影响上看，它一方面预示了其后大行其道的反理性主义思潮，另一方面又使德国哲学走上了一条经验的和世俗化的道路。例如，海德格尔的"此在"，从某种意义上说就是叔本华的"我们自身就是自在之物"的简化形式。另外，叔本华对文学家、艺术家的不可抗拒的魅力也正是源于他对于人生的关切。（2000-5，第72—73页）

叔本华关于美的本源的回答是他意志本体论的一个逻辑必然。借鉴康德，他把世界一分为二：表象（相当于现象）与意志（相当于自在之物），前者是后者的表出和客体化，后者是前者的本体和源泉。在意志和表象之间，有着一个对美学来说至关重要的中间环节——叔本华从柏拉图那里借取了"理念"作为从意志到表象的一个驿站，在这里"理念"似乎是专为美学而设的概念。（1995-10，第33页）

把理念作为与现象世界相对立的本体，是柏拉图最基本的用法。进入叔本华的哲学体系，理念仍具有本体论的意味。叔本华确乎是沿用柏拉图曾赋予理念的本来意义，但是在叔本华的本体世界中，理念不具有独立的、绝对的意义，它必须依存于更原始、更高级的意志本体，作为本体向现象过渡的跳板，既属于本体又非绝对本体。（1995-10，第35—36页）

为什么在意志和它表出现象的过程中间插进一个"理

念"？首先，从理念一词的来源上说，柏拉图曾把理念分作若干等级，并不是所有的理念都是最终的本体。［……］叔本华有理由把不属于终极位置的理念经过挪用、改造而放进作为绝对本体的意志之下。其次，由于意志是自由的、独立的和无所待的，不服从现象界的所谓个体化原理，而同时它还必须是本源性的和生发的，必然将自身表出于无数个别的、具体的现象，那么从无形到有形，即从本体到现象之间，就产生了无法解释的空白。(1995 - 10，第 36 页)

除了把理念作为本体之外，柏拉图还附之以"范型"的意义。在柏拉图那里，"范型"不仅具有建筑学上的"设计"意义，还具有"模型"的意义。［……］把理念作为"模型"即一种抽象的具体来理解，对于叔本华的哲学和美学是至关重要而且是方便有利的。作为模型的理念具有承上启下的作用。它所以能够"承上"，是因为它根本上属于本体世界，能够恰如其分地涵括意志本体，并作为意志的代表，达到与意志的同一。理念还能够"启下"，即肩负起沟通意志与现象的分立状态。只有兼具了不同于自在之物的个性，即具备了表象的主要形式，才可能因其与表象的亲和性进入根据律和现象界，于是，由于理念，或经过理念，意志本体终于显现于现象的尘寰。(1995 - 10，第 34、37 页)

叔本华选择了理念与现象的统一，选择了理念在现象界的无处不在，这一方面意味着他与柏拉图在理念问题上的分道扬镳，另一方面也意味着他为自己的美学本体论找到了一个逻辑起点。(1995-10，第38页)

在美的本体论上，叔本华是一个柏拉图主义者，在他看来，美就是柏拉图的理念，是一个客观的存在物。(2000-2，第81页)

纯粹认识显然是叔本华心中的圣土，他不仅以此作为美之所以产生的主体性前提，区别美与非美，而且即使在审美领域的内部，他也以此为尺度。[……]他认为，优美是这样一些对象的本质，它们仿佛主动向纯粹认识发出邀请，如自然风光、植物世界，纯粹认识因而无须斗争就摆脱了意志的束缚。而对于壮美，对象与观赏者的意志首先处在一种敌对的关系之中，而后只是由于纯粹认识的积极努力，才使观赏者摆脱了与意志的关系而专注于对象不在关系中的理念，结果他就产生了壮美感。[……]不过，优美与壮美只是表达了对象与意志的端极性关系，相忘与相敌。在这两极之间，存在着过渡中的无限级差。(2000-2，第83—84页)

在康德美是主观的，在叔本华美是客观的，虽然叔本华称赞过康德美学研究所开辟的主观路线，但其正确性对于叔本华来说，仅仅在于描述审美形态时不能脱离主体的心理反应，而本体论地说，美仍然是客体的属性，而非主体对它所做的判

断。(2000-2,第85页)

审美不是逻辑地思考对象,不是欲求地指向对象,不是某种个人性的、绝对理性的现实行为,叔本华的"自我否定"理论,即使够不上真理的话,消极地说,也应该是一种不算无益的启示。(2000-2,第85页)

叔本华坚定不移地把美作为物的一种客观属性,即理念。"美即理念",在西方美学史上,柏拉图、黑格尔和叔本华在此具有共同的语言或表达方式。但共同的语言并不意味共同的选择,在完全同一的美学公式里,实际上潜流着各不相同的理论旨趣和现实态度:黑格尔批评柏拉图的理念空洞无物,因为它与实在相对立,超越和独立于现实世界之外。黑格尔的理念是理性与感性、内容与形式、主观与客观的统一,较之柏拉图,它偏重于理念的具体可感性,更具有尘俗的意味。叔本华的理念介乎柏拉图和黑格尔之间,在表现形态上,他强调的是理念与现象的合一,然而在审美认识论上,他又复归了柏拉图,把审美等同于求真。(1995-10,第39页)

作为西方美学主要观念之一的审美无利害论,只是在叔本华汲取了柏拉图认识论和印度哲学之后才第一次得到了完整系统的说明。(1997-2,第34页)

叔本华区分出两种认识主体,一种是认识个体,一种是纯粹认识主体。只有从认识个体过渡到或更准确地说升华为纯粹认识主体,理念才会同时撩开自己的面纱,而对理念的瞻仰也就是对于意志的亲切观审和真确把握,因为理念永远是作为意志的最完满的客体化和全权代理而出现的。叔本华关于认识个体和纯粹认识主体的区分,以及关于二者如何转化的说明,对于他的哲学是重要的,这种重要性表现在是它构成了叔本华全部认识论也包括审美认识论的核心世界。(1997-2,第35页)

欲望地对待眼前的事物,意识中必定充满着利己的盘算、占有欲的冲动,甚至可能由这内在的盘算、冲动转化为外在的行动。而当某一事物只是欲望的对象时,它就只是个别的、具体的事物,而非普遍的、超越现象的理念。这种理念的出现,只有在主体的欲望被彻底清除以后。关于欲望的弃绝,[……]即把有情有欲的生命个体净化为漠然的无欲的纯粹认识主体,或者说,只是一种纯粹的认识,而不是任何主体或个体。因为纯粹主体不仅是个体性的消失,同时也是主体性的消逝,即消逝于它所观审的客体之中。(1997-2,第36—37页)

叔本华认为,"为什么"的问题在级别上是低于"什么"的,"为什么"是属于现象世界的,而"什么"则系于理念的世界。认识个体如果期冀进入理念的世界,那么他就必须放弃那种"为什么"一类的即只在现象层面上周旋的认识方式,而应全神贯注于"什么"问题,即全副身心地投入对事物本质的纯粹静观。(1997-2,第37页)

对生命意志的决绝势必带来认识方式的转换,没有作为条件的前者,便不会有作为结果的后者。无欲是叔本华的哲学重心,这不仅表现在它作为认识的前提,更表现在它是一种人生的佳境和最终归宿。(1997-2,第37页)

我们的欢乐、忧虑、激情、感触、愿望,都是意志的活动,我们先天地整个属于意志,因此在意识中对我们自己的漠不关心便是对意志及其活动的疏离,而只有做到了对意志的有意疏离,甚至完全的抛弃,才能真正实现"自我否定"。[……]在意识中对自我的忘却或视而不见,并非说自我被排除于意识之外而不再作为意识的一个对象,恰恰相反,自我无论何时何地都永远是意识的对象,所不同的是,这一对象在被否定前后发生了一个质的变化:之前,它是一个意志现象,之后,它则成了一个纯粹客体。即是说,自我在被否定之后,仍然是意识的一个对象,但意识并不把它当作一个意志现象。所以,意识中对自我的漠视,其准确含义,便是不把自我视作一个意志现象,或者说,在意识中有意斩绝自我与意志的关系,使自我成为一个与意志无涉的认识对象。(1997-2,第38页)

叔本华认识论的基本构架:认识的终极目的是理念,而要达到对理念的认识,则必须通过一个"自我否定"的行为,既否定障蔽耳目的意志现象,又否定侍奉于意志跟前的根据律认识方式;没有这一自我的改造,主体便永远是意志的奴婢而无法进入自由、澄明的认识境界,客体便永远是意志的具体、有限的对象而无法转化为普遍的、无限的理念。如果把对理念的认识视作一个过程,那么"自我否定"是承前启后的枢纽驿站。(1997-2,第39页)

在柏拉图那里,主体与客体在认识论上并不是统一的,主体只是客体的追求者、认识者,是外于客体的,即使在回忆说,知识或客体虽然内在于主体,但是在作为主体的个体内部,知识仍然外在于其回忆者,或明确地说,知识的承担者不等于知识,总之,它们的合二为一只是表现在个体的人,而个体当其被柏拉图视作肉体与灵魂的日常统一体时,只有其灵魂部分才是与客体相对立的认识主体,肉体不仅于认识无益,反而是一种妨碍,必先清除之,然后才有真纯的认识。(1997-2,第41页)

作为意志完满客体化的理念不再是柏拉图的理念,对理念的认识不再是神秘的灵魂回忆,梵也不等于意志,亲证梵我同一也不等于意志对自身的认识,禁欲修行也不就是"自我否定"。一切都只是相仿佛而已。叔本华虽然具有玄学的甚至神学的趋向,但从根本精神上说,他实际上代表着德国乃至西方哲学世俗化过程最重要的一个转折。他的意志、理念都是通向人性的、人生的,他的"自我否定"的认识论因而也是伦理的、美学的。(1997-2,第42页)

传统天才论通常都是把天才作为一种特殊的创造性即生产性天赋的。［……］叔本华并不否认艺术是一种创造性活动，也不否认天才在这一活动中的决定性作用，但他所谓的天才主要是指一种特殊的认识主体及其认识能力，因而天才的独创性不在于是否能够创造出某一艺术品，而在于是否能够将认识推进到某一深度；或者说，艺术创作的独创只是认识性的而非表达性的。［……］天才由以傲视庸才之处不在于表达，在这方面他们之间没有多少差异，而在于其独步幽深的认识。（2002-2-2，第99—100页）

叔本华不在想象的研究传统之内谈论想象，这个传统把想象视作一种心理的功能。他基本上是以哲学的眼光来审视这一对象的。他的想象理论越过了传统，但其起跳点却又是传统，我们因而应该在一种史的比较和对照中确定其理论个性或独创性。（1998-4，第97页）

一般而言，古希腊哲学对于想象是鄙视和排斥的，柏拉图不必说，一个连摹仿性艺术都要拒绝的绝对理念论者，想象在他不可能具有任何的真实性；亚里士多德虽说后来抬高了诗的位置，与哲学相仿佛，然而其《诗学》对想象是只字未提的，甚至在他的其他著作中还可屡屡见到对想象的轻蔑和贬抑。［……］事实上，在黑暗的中世纪，在光辉的文艺复兴，在新古典主义风行的17世纪，想象都不时地被作为理智的仇敌、错觉和疯狂的等义词而遭到贬斥。〔……〕但是自文艺复兴以来，总体而言，想象在艺术创作中的地位呈现出逐渐升涨的趋势。〔……〕在19世纪，想象（与情感一道）更成为浪漫主义者的美学灵魂。〔……〕叔本华不忽视想象作为心理的功能，这一点与传统相通，但是他主要地是把想象作为哲学的批判的功能的，哲学地对待想象已经进入其无意识的思维，这是他的卓异之处，也是他对想象论的西方美学史的重大贡献。（1998－4，第97—106页）

他对于疯癫的症候和起因的考察与其说是着重于实证的，毋如说是趋向于哲学的。当他把疯癫作为实证的对象时，它通常只是一种病态，一种记忆断裂和思维混乱。而当其被置于哲学的透视之下时，它就已经是天才及其艺术创造的象征了。〔……〕叔本华以疯癫观察天才，即把疯癫引进哲学的美学阐释学，他是极易被看作一个非理性主义者的。但是，与20世纪艺术创造心理学中的极端主义者界限分明的是，他不承认作为病态的疯癫与艺术认识间关系的直接性，疯癫就是疯癫，艺术就是艺术，二者只有相似而绝不等同，这就实际上已经把疯癫从艺术创造活动中清除了出去，或者说在艺术中，他只认取哲学的疯癫，而不接受生理—心理的疯癫。到他这里西方美学史上总是纠缠不清的疯癫与艺术的关系终于获得了一次最清晰的一种说明或最干净的一

种切割。(1997-3,第20—21页)

作为对文艺复兴以来日甚一日的科学霸权的抗争,叔本华对疯癫所喻指的思维方式亦即人性中被遮蔽的另一面在艺术领域的重视和弘扬,无疑具有某种补偏救弊的意义,如果说这一意义在叔本华自己的时代由于理性的强势而宛若空谷足音的话,那么在20世纪弗洛伊德、乔伊斯、马尔库塞和福柯等人风靡东西方世界的经典性著述中就已经是一个众声喧哗的现代文化主题了。(1997-3,第21页)

叔本华把表达理念悬为艺术的最高目标,他多次说过,艺术与哲学具有根本上的一致。艺术以人为主要表现对象,而人的理念与其他任何理念一样,体现于个别的人物,个别的情欲,个别的行动,一切以偶然性的形式出现。真正的艺术不是舍弃偶然,而是直接步入必然。把对象从世界进程的洪流中抽取出来,把它从各种琐碎的、枝蔓缠绕的关系中孤立凸现出来,当作普遍的"这一个",这时艺术便达到了自己的目的地。叔本华的这种观点在讨论历史画时得到了最集中的阐发和最清晰的例证。对于历史画来说关键在于抓住具有内在意义的个体和行为,而不在于他们是否具备实际历史的重大性。有时在历史上一个极为重要的事件而在内在意义上可能只是一件平凡而庸俗的小事,而日常生活的一件琐事,如果能够烛照出人性的幽微和深邃,也可能具有巨大的内在意义。据此,虽然历史画直接从历史中取得题材,但历史的重要性并不一定保证绘画的价值,历史性对于艺术来说常常是外在的,既说不上好也谈不上坏,一切决定于这一题材是否具有普遍的意义。(1999-Z,第117—119页)

表象属于认识论范畴,而理念则主要是本体论的。直观表象是主体对于现象世界由悟性获得的直接认识,而这一现象世界又是理念通过时空形式所显现的杂多。所以当叔本华从"世界即我的表象"走到"世界即我的意志"时,认识论的直观表象和本体论的意志或理念便成了同一世界不可拆分的两个半面。理念尽管具有超越个别事物、征服私人情感的普遍性,即如概念所同样具备的功能,但对于认识主体而言,它又呈现为直观的表象。艺术家当其作为艺术家即作为纯粹认识主体时,他从生活世界所获取的直观表象便不再是现象而是理念了。(1999-Z,第145页)

研究者的首要工作不是去粗取精,古为今用,而是运用考古学的方法还原历史,修复真相。意义是客观的,在于被创作出来的艺术品是一个历史事实;意义同时又是主观的,则在于这同一历史事实,可以被持续不同地解说、评价。前一种意义是确定的,而后一种意义则是移易的,歌德所谓的"说不尽的莎士比亚"并非说莎士比亚本身无法穷尽,而是说莎士比亚可以无穷尽地被赋予读者方面的意味,就此而言,莎士比亚

的永恒价值应该就是读者的慷慨施予。(1999 - Z，第 147—148 页)

叔本华关于艺术对象的一个最基本的观点是：悲剧，乃至一切艺术，都以传达理念为目的，而这一理念表现在艺术中又是经过作者的感觉或思想所照射过即被否定了的。(1999 - Z，第 151 页)

论美及其他

【本组摘录不设主题，涉及作者在前引论著中对除上述集中论述话题之外的其他言说，主要包括对美、美学、理论、技术、语言、文艺理论、马克思主义文艺理论、分析美学等基础性话题的探讨】

文艺理论并不是对一种民族文学经验的总结，文学的民族性并不等于文艺理论的民族性。从某种意义上说，文艺理论的民族性，同时也就是它的局限性和偏狭性。克服这种弱点，就必须尽可能地吸取更多的其他民族的优秀文艺理论遗产和成果。我们的主张是：当代文艺理论的出路在于，吸取中外古今一切优秀的文艺理论遗产，创造出具有世界意义的马克思主义文艺理论新体系。(1986-1，第106—107页)

作为分析哲学的一个部类，分析美学宣告了美学、文艺理论发展史上关于"美的本质"和"艺术本质"的扯皮不清的讨论的终结。文学和艺术没有任何恒定的特性，所有可以找到的不过是一种"家族相似"，他们根本无法取得一个确切的定义。(1987－2－1，第25页)

从否定语言游戏的共同性的存在，维特根斯坦进而否定了语言游戏的本质。语言和游戏以及诸如此类的所有语词、概念都是找不到共同点和本质的。美和艺术的概念也是如此。分析美学，认为我们根本不能问"什么是美""什么是艺术"，而只能这样提问："艺术"属于哪一类概念？哲学的任务不在于回答形而上学问题，而在于解释某种概念的实际使用和那种使概念能够被正确使用的条件这两者之间的关系。美学所面临的任务，因此也就是阐明"美"和"艺术"的实际用法。由于"美"和"艺术"在实际应用中存在着许多的复杂性，所以美和艺术都是不可说的，都是没有意义的。维特根斯坦在西方美学的发展史上的意义，不在于它对美学、艺术问题有多少详尽周到的论述，而在于它为美学、艺术的研究提供了一种新的方法，新的视角。(1987－2－1，第26页)

与各种批评流派不同的是，每一种批评理论和方法一般都是为它关于"什么是艺术"的回答所决定的，而马克思主义文艺批评的创始人则压根没在这个问题上回答过"什么是艺术"。因而主宰它的文艺观念绝不是关于"什么是艺术"的美学回答。相反，他们是从认识论和唯物史观的角度来界定文艺

性质的。(1987-4,第9页)

我们应当充分看到马克思主义文艺批评的成就：艺术与社会永远具有母子般的血缘关系，文艺的阐释、评价必须结合着它所产生的社会。但是，同时也要看到它的局限：不能仅仅从认识论角度，把艺术看作是现实的反映；也不能单单从历史唯物主义的角度，把现实作政治化的解释，现实可以有更广大的内容，而阶级斗争不过是其中的一个重要方面。艺术在形式或内容上，都具有广阔无垠的创造天地。(1987-4,第22页)

真正明白无误地把艺术作为现实生活的反映的，那是列宁、普列汉诺夫和毛泽东。把文艺作为生活的反映，这一命题对于批判各种唯心主义文艺观具有重大的意义，它彻底把文艺从神秘的天国或超凡的理念世界拉回到尘世，把本来属于文学艺术之源的生活归还原位。但是仅仅指出这一点，还不能说已建成艺术的殿堂。反映论之与文艺也许是确定了整个殿堂的方位，至于它是金碧的还是瓦灰的，是木质构造还是钢筋混凝土，那还需要人们进行一番劳动。(1987-4,第9—10页)

马克思主义文艺批评阐释文艺现象的首要原则是：任何意识形态都必须从它所产生的物质生活的矛盾中、从社会生产力和生产关系之间的冲突中去解释，或者说经济是一切思想的最后说明。从一定的经济结构及其变动中寻找文艺现象的最终解释是马克思主义文艺批评的一贯特色。(1987-4,第11—12页)

阐释一部作品产生的社会必然性,实证主义以为,这便是批评的全部要义。马克思主义要求阐释之后还必须评价。真正构成马克思主义评价特色的,是他们关于文学"伟大性"的标准。这种观点并不是现在美学才有,从苏格拉底到车尔尼雪夫斯基,一切艺术摹仿论者都把艺术之外的现实作为衡量一部作品伟大性程度的评价标准。这一思想在俄国民主主义美学中被发挥得淋漓尽致。[……]我以为,马克思主义文艺批评的评价原则是再现理论的一个必然延伸。这一评价原则不在于说明什么是文学和非文学,其最主要的特色乃在于指出什么性质的文学是最伟大的文学。(1987-4,第12—13页)

作为对于简单化评价模式"政治标准第一,艺术标准第二"的一个反拨,中国当代理论界强烈要求回到恩格斯的"美学和历史的观点"上来,以为从此批评便完成了一场革命。其实问题远非如此简单,因为恩格斯的"美学观点"具有特定的内涵。可以认为,恩格斯的"美学观点"就是现实主义。(1987-4,第14—15页)

艺术真实是区分各种不同创作方法的至关重要的标志之一。现实主义要求细节真实和本质真实,把自己的视野面向日常生活的现实;浪漫主义则把自己的理想视为现实,把磅礴的激情看作艺术真实;象征主义以永恒世界中获取的感觉印象来隐喻诗人神秘的心灵;超现实主义则认为,只有表现了现实世界之外的"彼岸"即无意识或潜意识领域,艺术方能达到真实。对真实的不同理解和追求,是不同创作方法的重要根据。现实主义之为现实主义,正是由于它在真实的问题上做出了与众不同的选择和回答。(1987-2-2,第42页)

对现实主义文艺的倡导不是一个美学趣味的问题,即不能因此说马克思主义多么偏爱现实主义这样一种风格,而是说这种风格与马克思主义者的革命事业具有较为直接但并非必然的关联。研究现实主义文学的真正目的不是为了培养唯美的现实主义趣味,而是为了构建一种对于当代现实的新的感知体系。马克思主义文学理论可以是文学的理论,但应当更是一种旨归不在文学的文学理论。马克思主义文学理论意在凝聚一种审美的力量,但这种力量自身毕竟有限,因而必须转换为能够现实地改造世界的力量即物质力量。以美学的方式而介入现实的改造是卢卡奇以来西方马克思主义的共同特征。(2012-3,第100页)

美学在绝大部分情况下不再被看作是关于美的反思,而首先被视为关于艺术的反思,也就是说,它是艺术的哲学。(2003-3-1,第6页)

美尽管有数不清的具体形态,从大类上通常可区别出优美与崇高,但其所有的区别无非是在质或量上的杂多或他者与整合它的理性之间的关系变化。(2003-3-2,第47页)

美就诞生于消灭现实与现实的拼死抵抗之中,这是协商的空间,是争斗的空间,是"指物"的空间,是位在"能指"之内而总是遥想"所指"的空间,等等,这个空间可能囊括了所有的艺术奥秘。(2012-3,第104页)

我们不相信本质主义的美论,所有的美都是人与外物相互作用的产物。美是关系的和动态的,更准确地说,在美与非美形成关系之前,不存在先验之美。因而美乃是后天的、人为的。美是人对自然外物的感应、回应和创造,在这一意义上,美是生态的,如果生态一词并不排除人为的话。(2012-3,第104页)

美学仍然是传统理论的囚徒:它研究美而不研究丑;它关心对称而非畸形;它很在乎理想的"艺术品",而不大留意实际的艺术活动;它经常地谈论抽象的理论框架,而不去触及具体的艺术作品。换言之,美学家们饱学于美学理论,而对实际的艺术家、艺术新作、新潮和走向,所知甚少。(2003-3-1,第5页)

感性虽可抽象地谈论,但被谈论的感性便不再是存在中的感性。感性存在着,而理性不存在;感性因其存在而只能是具体存在,具体于某一情景,某一个体,而理性因其不存在而可以无处不在,正是这种无处不在诱使那些唯心主义哲学家误以为唯有理念、概念等才是真实、富饶而美丽的。(2014-6-1,

第88页)

如果将鲍姆加登作为"美学之父",作为开启美学研究的标志性人物,那么可以说,"美学"一开始就被纳入认识论的名下。鲍姆加登把"美学"界定为"低级认识论""感性认识的科学",这对于将"低级认识"或"感性认识"排除在逻辑学之外的沃尔夫传统而言无疑是一个巨大的突破,从此以感性和想象等为研究对象的"美学"便可以名正言顺地进入哲学的领地。但在海德格尔看来,这恰恰是"美学"的不幸,"美学"是从此堕入与"认识论"的孽缘,并在此孽缘中渐渐耗尽其生命。(2018-2-1,第113—114页)

左派学者如阿尔都塞、伊格尔顿、杰姆逊在文学理论上一个贻害无穷的说法"文学即审美意识形态"即严重混淆了"声音"与"话语"或"意识形态"的分野。审美如果是感性的,是"声音",那它一定就不能同时还是"意识形态",除非其感性先已为"意识形态"所构造,但即便如此,此构造也是有限度的。阿尔都塞的错误是,他未能体会到,"具体主体"从不等于"意识形态",没有谁可以完全剥夺一个主体的具体性。(2011-1-2,第63页)

并非所有的生活都是美的,只有经过思考、选择和认定的生活,即只有被认为是"应当如此"的生活才称得上"美"。(2006-12-1,第13页)

呈现即艺术，即认识论的距离，而在此距离间，一个灰色的区域，什么都可能会发生，认同即使有也只是一种可能，而且这一可能还要受到其他可能的解构。（2005-Z，第41页）

我们过去常说距离产生美，［……］此"距离"实则是文学与非文学、审美与非审美之间的相互作用或往复运动。距离不是静止的空间，而是主客体之间角力的因而随时可能改变的空间。（2012-3，第104页）

有距离并不必然有文学，但没有距离肯定就没有文学。距离是文学得以产生的必要条件。［……］探讨文学在电信时代的当前遭遇并预测其未来的命运，距离当是一个十分恰适的切入口。（2005-Z，第6页）

文学在更本质上关切于距离。［……］模仿、想象、陌生化、修辞等实际上都只是"距离"的另一种说法，而且在文学上扮演着如"距离"在美学上的角色，是它们造成了文学，使文学堪称文学。（2005-Z，第13页）

真正使"距离"成为可能，使"距离"由时间、空间而自然地进入心理、意识领域的，则是我们根深蒂固地将世界一分为二，如本质与想象、非存在与存在、灵魂与身体等，并以前者为后者之归属的哲学信念；是哲学的"距离"保证了文学的"距离"，是哲学的"距离"决定了文学的"距离"，是哲学的"距离"指引了文学的"距离"。（2005-Z，第19页）

二元论的独立或"距离"成就了哲学,而"哲学"的无限的即没有终点的延展则又取消了哲学。[……]在哲学的或"距离"的意义上取消哲学,同时就是取消在哲学"距离"上所建构出来的文学或文学观念。(2005-Z,第23页)

在布洛对"态度"的强调上,他的距离说其实就是笛卡尔—康德主观唯心主义哲学的美学翻版,就是美学上的"人类中心主义",或审美上的现代性。作为对照的是,叔本华的审美距离观恰恰是反人类中心主义的,是对生命意志的否定和弃绝,因而预示了20世纪的后现代主义思潮。(2007-4,第121页)

布洛从心理学角度去研究审美欣赏中的距离问题,其特色在于以心理学的方法探讨了一个具体的自康德以来便位处核心的现代性美学概念即"距离"。布洛在20世纪美学史上的经典意义首先是心理学的,"心理距离"是一个审美心理学的概念;但远不止于此,逸出于心理学界限,布洛以独辟的"心理距离"视角窥测了如今被广泛讨论的"审美现代性"问题。(2007-4,第121页)

德里达并非要宣布电信时代一切文学的死亡,他所意指的确实只是某一种文学:这种文学以"距离"为其存在前提,因而他的文学终结论之所终结者就是以"距离"为生存条件,进而以"距离"为其本质特征的那一文学。情书、哲学以及精神分析之所以与文学一起植于"距离",从理论上讲,均源于其与"距离"有关,甚至以"距离"为前提,因"距离"而生、而延续,并因"距离"的消失而消失;并且更根本地说,由于我们已经揭示的"距离"的形而上学性,终止那"距离"的文学即意味着终止一切形式的形而上学。德里达的文学终结论,因而就是其整个解构战役的一个行动。(2005 - Z,第 27 页)

"增补性"就是柏拉图以降全部形而上学的秘密。它假定有外于它的一个不可捉摸的存在物,因其不可捉摸而有了"添加"即"书写"和"呈现"之必要,但它"添加"之目的则是为取得与那个存在的同一,也就是最终取而代之。然而,取代的雄心总是受挫。它本就是形而上学所吹出的蛊惑人心的五彩气泡。依据解构之文字学,在"文字"的"增补性之游戏"中,"增补"以为实现了对"基本之所指"的取代,但是它所取代的不过是另一个能指。(2008 - Z,第 84 页)

解构最卓越的哲学史贡献,不是对"在场形而上学"的拆毁或抛弃,而是将反思的维度,一个较黑格尔、胡塞尔或哈贝马斯更加彻底因而更加真纯的反思维度,引入对它的一再审视,看看由于"文字"或一切认识论的中介,我们究竟被"延异"了多久、多远。(2008 - Z,第 93 页)

人总是在理论中生活,而理论就是指南针,就是方位感和

历史感。(2005-Z,第28页)

理论的创新,并不是与传统的简单断裂,而是从传统深处的艰难突围。(2011-2,第49页)

没有绝对的创新,所谓创新不过是不断地校正流行偏见。理论首先要面对当代说话。(2019-2,第63页)

谁也无法垄断意义!这就是所谓的"互文性",它造成了所有介入文本的不确定性;不过从另一方面看,它却开辟了新的意义可能性。(2011-1-2,第64页)

批评未必是建构,但无批评便根本不可能起而去建构。建构总是起于对建构的"需要",我们知道,"需要"是因为"短缺"。(2016-4-2,第62页)

技术不是中立的因而也不是无辜的;技术所崇尚的是最大化效用,而最大化效用的实现标志就是能够被用于复制,被用于批量化生产。[……]技术的目的是满足大众需要,它决不在乎什么私人性的需要。[……]技术通达于生产,通达于消费,它本质上归属于一个大众化的意识形态。(2007-5,第98页)

恩格斯的"终结"也同时意味着一种"转机"和新的"出路"。[……]"终结"是一个分界点,对于走过的一段路程,到这里就完结了;而越过这个点则是一条新的征程。这个点是终点,也是起点;起点和终点在此是同一个点。[……]

我们严重地误解了恩格斯的"终结",也误解了伊格尔顿的"理论之后"。就如恩格斯的"终结",伊格尔顿的"理论之后"也出现在一个具有双重含义的分界点上:在这里,"终结"他认为错误的后现代理论,而"追寻"他所推荐的正确的理论。理论在变换着,但理论自身并未终结,而是通过变化而不断获得新的生命。"理论之后"仍是"理论",这是伊格尔顿的信念。(2009-2,第79页)

20世纪并未提供什么新鲜的基本哲学问题,它给我们的仍是那自有哲学以来便如此的难题,即主观与客观或者主体与客体及其关系问题。罗蒂那个有名的关于哲学主题演变的三段论所看好的当代哲学由古代的本体论、近代的认识论所转向的"语言论",其实解剖开来看,也可以归入先前的本体论和认识论的。语言只是20世纪哲学家们普遍感兴趣的一个问题入口,经由这个入口,他们走向的不是本体论,就是认识论,或者兼而有之。[……]20世纪哲学之创新性在于,它积极地回应了当代社会以新的现实性所迫切化了的主客体问题。这就是说,虽然内在的仍是主客体问题,而表现出来的却是另外一些看似不相干的话题。表面上的不相干恰是传统哲学内在的现实关怀和它永不枯竭的能量和生命力。哲学固老,但它以对现实问题的言说而长青。(2009-3-1,第58页)

哲学始于惊异,惊异于大千世界的变幻和神秘。但无论出自何种原因,惊异抑或恐惧,其所导向的都是将他者同一化的行动,所别只在于:惊异意味着进取型的同一化,而恐惧则是防御性的同一化。(2003-3-2,第47页)

英美的语言哲学不是语言学,而是关于语言的哲学;同样,欧陆结构主义也不能只是归于语言学了事,它是穿越了语言学的德国唯心主义。(2009-3-1,第58页)

语言,那绝不仅仅是某种借以言说的东西,而是一切可表情达意的符号或媒介;更重要的是,一切因着语言而可成就的境界或身份,如宽容,宽容也是一种语言,宽容是对坚执的情感的强力说服。(2018-3,第60页)

狄尔泰的"精神科学"一语所蕴含的相互矛盾的对于"科学"的两种态度,分别被发展为20世纪哲学的两大基本倾向:对"科学主义"的批判与对"科学"精神的吸纳。现象学、存在主义、哲学解释学、后结构主义和其他各种形态的后现代主义等,基本上属于前者,而分析哲学则属于后者。〔……〕精神分析哲学〔……〕要特别一些,它在形式上接近"科学",而在内在气质上则是反"科学"的。(2009-3-1,第59页)

德里达用"文学行动"取代"文学本质",因而就是用"行动"的复杂性否定"本质"的纯粹性,用"行动"的介入性否定"本质"的被发送性即距离性。(2005-Z,第25页)

伊格尔顿决非一般地反对理论,而是通过"理论之死"这种振聋发聩的形式唤醒人们对于后现代理论之局限的反思。[……]晚近的伊格尔顿哪里是什么不要理论,相反,他简直是"太理论"了,"太形而上学"了!(2009-2,第79页)

人文学科的一个特点是,若要前进一步,则须先退后三步。它相信,任何前进都必然有所丢失;任何前进都是片面的、极端的,因而也必然为此付出代价。简洁地说,这就是人文学科所主张的反思性。(2011-1-2,第61页)

经济绝不仅仅是生产和交换的一种物质性活动,它是被实践出来的一种精神活动,是人类建构其生命意义的一种最本要的表现形式。就此而论,"经济基础"同时就是"上层建筑"乃至"意识形态";"社会存在"[……]是"社会意识"的存在性样态。这当然不是要否定"上层建筑""意识形态"或"社会意识"的相对独立性。必须承认,正是由于它们之抽身于"经济基础"并因而能够返观后者,将其作为一种被镜像、被反思的对象,经济实践才得以具有了更高程度的自觉性、目的性,进而文化性即作为意义生产的场所。(2008-1-1,第94页)

安德森将民族、国家作为"想象共同体",此话有一定道理。的确,民族、国家是靠认同和表述等观念性的东西而连结起来的。相距遥远、互不走动的人们之所以认为彼此属于同一个国家或民族,靠的是一种意识上的认同连结。[……]但是,"想象"是有边界的、有约制的,即是说,"想象"需要在地化的检验，需要利益的切实保证，也需要控制在想象力所可企及的范围之内。［……］耶稣、孔子等一切悲剧英雄之所以是悲剧英雄，乃是由于其作为和学说超越了世人、时人的想象地平线。画饼虽好，但不能充饥。（2015－7，第59页）

"文化马克思主义"不是"文化"与"马克思主义"的物理聚合，甚至也不是马克思主义对文化的观察，即不是"马克思主义的文化观"，而是在这一观察中，"文化"被特殊地赋义，并因而从作为研究的对象上升到作为研究的方法论，于是所谓"文化马克思主义"便意味着从作为理论的文化重访作为理论的马克思主义，这是其新意所在。"重访"其实即是"互访"，是经典马克思主义对当代各种文化理论之挑战的回应，是彼此之间的协商、对话和相互涵养。（2020－4，第116页）

固然可以说一切历史都是当代史，但这也只是说，一切历史都将被当代化，从而也不再是原先的历史（遗产）。［……］历史不是同一物之轮回，而是同一物在时间之流中不断更新自身，也就是不断地生成，不断地成为非同一物。（2019－2，第67页）

历史主义说一切思想都是思想史，而我想说，一切思想史都是思想。思想史的研究不是为了考古学的复原，而是为了发现它与今日现实的动态性对话关系。紧要的不是它曾经是历史的，而是它仍然活着，或者随时都可能复活过来。一切能够引发我们兴趣的思想都一定有着现实性，在我们兴趣之外的思想或可能有着将来的现实性。一切有成就的思想都是一个思想个体，不可取代，不可简约，只可以忽略，留待别人去发现。宣布某一思想的死亡只是意味着一种态度，至多代表着现在，但不完全的现在，因为它永远不能穷尽他人和未来。（2003-4-2）

科学的目的或有可能是单纯的求知，而技术绝不会为技术而技术，其目的是应用。因而在一个以商品为中心的社会里，技术则一定是为着商品的技术。（2012-2，第105页）

技术本是为了人之更好地利用和掌控自然，但它一路奔腾下来，竟将人封闭在一个完全由它所创造的即一个全然被人化了的世界，人从此与自然隔绝，而仅仅面对他自己。技术本质上属于人的生命活动，但这生命活动似乎注定走向到它的反面，如同作茧自缚。根据青年马克思的观点，这种现象当是技术的"异化"；根据阿多诺、霍克海默的观点，是"技术辩证法"；或者套用新近社会理论家如吉登斯、贝克和拉什的概念"自反性现代化"。（2015-1-2，第87页）

无论在实践的抑或心理、信仰的层面上，人都需要某种外在性才能生活和生活下去。主客体二元对立曾在后现代哲学中饱受诟病，然而若是移除客体一极，客体完全为主体所征服、收编，那个因伟大的主体而伟大的人类雕塑将轰然坍塌。从前，是客体、他者甚或上帝这些外在性一直在默默地支撑着人类，无论以什么方式。海森伯以其轮船之喻向我们表达了外在性之于人类生存的不可祛除性。我们相信，外在性将把人类从那钢铁怪物的钳制中解救出来。（2015-1-2，第87页）

在现代技术语境中，所谓"世界"就是人的世界。自然，客体，或者任何外在性，均被吸入这一世界。让我们重申海森伯的发现：现代人仅仅面对着他自己！这既是海森伯对现代技术"后果"的批判，也是海森伯所收获的丰硕的哲学果实。（2015-1-2，第89页）

语言有其边界，边界之外就是实在。固然，认识这一实在仍需借助于语言或公式，但表述语言之不断更新，如从经典物理学到现代物理学，并不至于取消其客观对象或对象的客观性。（2015-1-2，第95页）

委托是将自己该做的事情交由他人去做，对委托人来说，这就是离开、放弃自己的位置和责任；而受委托则是担负起他人的责任，在委托人看来，这就是可靠、值得依赖。如果超越委托人与受委托人的视角而以旁观者的身份观之，那么这种委托行为就有让事得其人的意思，这就是说，对待事物不可强求，让其自然而然地存在好了。"让"是放弃，也是"信任"，使物归其所：信之、任之，唯信之，方才任之！由于物有其自身的命运,"让"就不是对物的恩典、施舍、摆布,而是对物的漠然、淡然、超然,如果说前者是积极有为,那么后者则是消极无为。(2018-2-1,第112页)

"概念"的悖论在于,它不能放弃其职能,否则便不堪为"概念",但又无法彻底地履行其职责,否则它就等于"事实"因而又是自我取消。这就是"概念"的自我解构性,它是先天性的、构成性的,是其死亡亦是其生命,无可救药亦无须救药。[……]一切语言、一切话语,都内在地具有自我解构的趋向。(2008-Z,第73页)

反思的整体性是一些唯心主义或准唯心主义的主张,如柏拉图的"理性",如黑格尔的"概念",或者亚里士多德的"形式"、康德的时间和空间,甚至也包括被"整体化"了的马克思的"商品"概念,它们都或显或隐地自诩比真实的世界更真实或更系统、更全面、更本质、更充实,而全然不顾因其反思性或间接性而招致的片面性和虚幻性。反思、理性,在功能上就是要造出一种整体性,但这样的整体性是在反思、理性范围之内的整体性,因而是一种有限的整体性,是从世界整体从身上剥离出来的一个微不足道的部分。(2014-6-1,第88页)

任何命名,任何术语,任何能指,对于它所指称的事物来说,都不是完全准确的。它们之间的关系,犹如德里达一个形

象的描述,是"接缝",既是断裂,也是联接。(2008 - Z,"前言"第 4 页)

语言既是我们的显露,也是我们的构成,其显露是我们构成的显露,其作为媒介所媒介的是我们本体。(2001 - 6 - 2,第 144 页)

每一种对文化的定义都会带来一个新的文化场域,这是一个视点的问题,同时也是一个价值问题。视点总是有偏向和立场的。(2019 - 8,第 11 页)

"世界文学"在很大程度上同时就是帝国主义经济列强对其民族或地域的文学的世界化、普遍化,因而也就是真空化;尽管如此,其他民族的和地方的文学的抵抗,而且这种抵抗的持续性,将使"世界文学"永远停留于一个未竟的计划;于是,要形成这样一种"世界文学"的认同是困难的,没有人能够认同一种不确定的因而可能是空洞的存在。在这一意义上,借之于歌德的"世界文学"就不是一个十分确切的概念;它只意味着平面性、无限平面的铺开,意味着普遍性、遍无不及的推展,意味着统一性、将各种差异统合为一体,这就是说,它实质上乃是帝国主义的文化梦想,是"文化帝国主义"。(2007 - 10,第 78 页)

征引文献

【2021】

2021-Z 专著《没有文学的文学理论》,四川大学出版社 2021 年版。

2021-1 论文《论文化自信与新的全球化时代》,《人民论坛·学术前沿》2021 年第 8 期。

2021-3 论文《作为理论的文学与间在解释学》,《文艺争鸣》2021 年第 3 期。

【2020】

2020-1 序言《1978 年以来中国文艺理论发展历程之我见》,《文艺争鸣》2020 年第 1 期。

2020-4 主持人语《文化马克思主义研究·主持人语》,《浙江社会科学》2020 年第 4 期。

2020-5 对话《在媒介与艺术的历史中探险》,《文艺研究》2020 年第 5 期。

2020-9 论文《"中国文化复兴论"问题之所在》,《社会科学报》2020 年 9 月 3 日第 6 版。

2020－11 论文《"文学性"理论与"政治性"挪用》,《贵州社会科学》2020 年第 11 期。

【2019】

2019－Z 专著《差异即对话》,中国社会科学出版社 2019 年版。

2019－1 论文《阐释的政治学——从"没有文学的文学理论"谈起》,《学术研究》2019 年第 1 期。

2019－2 论文《人类文化共同体与中国文化复兴论》,《人文杂志》2019 年第 2 期。

2019－3 论文《作为美学概念的"地球村"》,《中国科学报》2019 年 3 月 6 日第 8 版。

2019－4 论文《文化自信的对话性建构》,《中山大学学报》(社会科学版)2019 年第 4 期。

2019－5 自序《间性状态与新比较主义——〈差异即对话〉自序》,《文艺争鸣》2019 年第 5 期。

2019－8 对谈《自觉·交流·互鉴——关于文化理论与文化自信的对话》,《文艺研究》2019 年第 8 期。

【2018】

2018－2－1 论文《未完成的审美现代性计划与无理论的哲学》,《哲学研究》2018 年第 2 期。

2018-2-2 论文《后结构主义与实践哲学之间的张力和对话》,《浙江社会科学》2018 年第 2 期。

2018-3 论文《文化民族主义不是文化自信》,《人文杂志》2018 年第 3 期。

【2017】

2017-1 论文《一切文化都是资源,都是话语》,《社会科学报》2017 年 1 月 5 日第 6 版。

2017-3 总序《文化研究丛书·总序》,写于 2017 年 3 月 21 日。

2017-4 论文《文化自信与星丛共同体》,《哲学研究》2017 年第 4 期。

2017-7 主持人语《关于中西文化二元对立观念的讨论》,《中国图书评论》2017 年第 7 期。

2017-9 论文《文化自信必然意味着文化间性》,《社会科学报》2017 年 9 月 21 日第 6 版。

【2016】

2016-2-1 论文《当代世界问题与三种对话主义》,《南阳师范学院学报》2016 年第 2 期。

2016-2-2 论文《结构主义与后结构主义异同辨析》,《艺术百家》2016 年第 2 期。

2016-3-1 主持人语《主持人语》,《汉语言文学研究》2016

年第3期。

2016-3-2 主持人语《关于麦克卢汉的研究》,《北京科技大学学报》(社会科学版) 2016年第3期。

2016-4-1 论文《感性整体——麦克卢汉的媒介研究与文学研究》,《中国人民大学学报》2016年第4期。

2016-4-2 论文《差异即对话:一份研究纲领》,《中国比较文学》2016年第4期。

2016-4-3 主持人语《主持人的话》,《中国比较文学》2016年第4期。

2016-7 论文《汉学文化理论:一个有待开发的学术领域》,《东岳论丛》2016年第7期。

【2015】

2015-1-1 论文《不要过分强调自己的文化特殊性》,《社会科学报》2015年1月8日第6版。

2015-1-2 论文《技术与感性》,《文艺理论研究》2015年第1期。

2015-3 论文《语言技术的否定辩证法》,《甘肃社会科学》2015年第3期。

2015-6-1 论文《由"术"而"道":老庄整体性技术观研究》,《哲学研究》2015年第6期。

2015-6-2 专题序《作为方法的美学》,《东岳论丛》2015年第 6 期。

2015 - 7 论文《价值星丛——超越中西二元对立思维的一种理论出路》，《探索与争鸣》2015 年第 7 期。

【2014】

2014 - 4 论文《全球化时代的真理与方法》，《中国政法大学学报》2014 年第 4 期。

2014 - 6 - 1 论文《感性整体与反思整体——麦克卢汉、海德格尔与维科的互文阐释》，《南华大学学报》（社会科学版）2014 年第 6 期。

2014 - 6 - 2 论文《论"内通"非"通感"——钱锺书道家通感论接读》，《首都师范大学学报》（社会科学版）2014 年第 6 期。

2014 - 6 - 3 论文《回不去的乡村美学》，《艺术百家》2014 年第 6 期。

2014 - 6 - 4 主持人语《现代性研究与媒介生态学》，《南华大学学报》（社会科学版）2014 年第 6 期。

2014 - 11 论文《理解媒介的延伸》，《中国图书评论》2014 年第 11 期。

【2013】

2013 - Z 专著《全球对话主义：21 世纪的文化政政学》，新星出版社 2013 年版。

2013-5 论文《文化理论究竟研究什么?》,《文艺争鸣》2013年第5期。

【2012】

2012-2 论文《审美化研究的图像学路线》,《文学评论》2012年第2期。

2012-3 论文《走向社会本体论——试论戴维·莫利的积极受众论》,《汉语言文学研究》2012年第3期。

2012-6 论文《"媒介即信息"与庄子的技术观》,《江西社会科学》2012年第6期。

【2011】

2011-1-1 论文《走向全球对话主义》,《文学评论》2011年第1期。

2011-1-2 论文《抵抗的受众诗学》,《文艺理论研究》2011年第1期。

2011-1-3 访谈《雅努斯神话：媒介、美学与文化研究》,《社会科学家》2011年第1期。

2011-2 论文《从话语的铁屋子里突围——试论戴维·莫利的积极受众论》,《甘肃社会科学》2011年第2期。

2011-6 论文《学术国际化,不只是一个英语问题》,《粤海风》2011年第6期。

【2010】

2010-2 论文《抵抗的力量决非来自话语层面》,《文艺理论研究》2010 年第 2 期。

2010-3 论文《图像—审美化与美学资本主义》,《解放军艺术学院学报》2010 年第 3 期。

2010-4 论文《关于"日常生活审美化"理论的若干注解》,《江淮论坛》2010 年第 4 期。

2010-5 论文《英国文化研究与"文化帝国主义"的理论纠结究》,《江西社会科学》2010 年第 5 期。

2010-6 论文《"图像—娱乐化"或"审美—娱乐化"》,《外国文学》2010 年第 6 期。

【2009】

2009-2 论文《理论没有"之后"》,《外国文学》2009 年第 2 期。

2009-3-1 论文《20 世纪西方美学的四个问题》,《文学评论》2009 年第 3 期。

2009-3-2 论文《文化研究与美学复兴》,《艺术百家》2009 年第 3 期。

2009-9 论文《审美现代性的三个误区》,《中国社会科学报》2009 年 9 月 8 日第 6 版。

征引文献

【2008】

2008-Z 专著《后儒学转向》,河南大学出版社 2008 年版。

2008-1-1 论文《论全球化作为"文化"》,《马克思主义美学研究》2008 年第 1 期。

2008-1-2 论文《消费社会与自然问题》,《首都师范大学学报》(社会科学版) 2008 年第 1 期。

2008-2 论文《从"文化帝国主义"到"全球化"》,《解放军艺术学院学报》2008 年第 2 期。

【2007】

2007-4 论文《两种"距离",两种"审美现代性"》,《天津社会科学》2007 年第 4 期。

2007-5 论文《消费·赛博客·解域化》,《中国社会科学院研究生院学报》2007 年第 5 期。

2007-10 论文《球域化与世界文学的终结》,《哲学研究》2007 年第 10 期。

【2006】

2006-4 论文《一个定义·一种历史》,《外国文学》2006 年第 4 期。

2006-5 论文《听霍尔说英国文化研究》,《首都师范大学学报》(社会科学版) 2006 年第 5 期。

2006-8 论文《霍尔的文章,麦克罗比的眼睛》,《江西社会科学》2006 年第 8 期。

2006 - 12 - 1 论文《消费时代的社会美学》,《文艺研究》2006 年第 12 期。

2006 - 12 - 2 论文《全球知识的再界定》,《江西社会科学》2006 年第 12 期。

【2005】

2005 - Z 专著《媒介的后果——文学终结点上的批判理论》,人民出版社 2005 年版。

2005 - 1 论文《从主体性到主体间性——对西方哲学发展史的一个后现代性考察》,《陕西师范大学学报》(哲学社会科学版) 2005 年第 1 期。

2005 - 12 论文《全球化就是对话》,《紫光阁》2005 年第 12 期。

【2004】

2004 - 3 论文《没有文学的文学理论》,《文艺理论与批评》2004 年第 3 期。

【2003】

2003 - 3 - 1 论文《美学：从现代到后现代》,《外国文学动态》2003 年第 3 期。

2003 - 3 - 2 论文《无限的他者——对列维纳斯一个核心概念的阅读》,《外国文学》2003 年第 3 期。

2003-4-1 论文《普遍性反对普遍性》,《社会科学报》2003年4月17日第5版。

2003-4-2 论文《后现代主义:在思潮之外》,《中华读书报》2003年4月23日。

2003-4-3 对话《后现代性与辩证解释学》,《文艺理论与批评》2003年第4期。

2003-8 主持人语《主持人语》,《南阳师范学院学报》2003年第8期。

【2002】

2002-2-1 论文《孔子思想与世界和平——以主体性和他者性而论》,《哲学研究》2002年第2期。

2002-2-2 论文《纯粹认识或世界之眼——论叔本华美学中的天才》,《人文杂志》2002年第2期。

2002-4 论文《后现代"帝国":一个正在扩张的版图》,《中华读书报》2002年4月3日。

2002-5-1 论文《全球化与中国当代文艺学的极境》,《湛江师范学院学报》2002年第5期。

2002-5-2 论文《孔子的仁学:一个后现代性的阅读》,《浙江社会科学》2002年第5期。

2002-5-3 论文《在言词与意义之间——施莱尔马赫解释学的解构之维》,《文艺研究》2002年第5期。

【2001】

2001-3 论文《已然的后现代主义及其未然性》,《求是学刊》2001年第3期。

2001-6-1 论文《主体的浮沉与我们的后现代性》,《外国文学》2001年第6期。

2001-6-2 论文《论施莱尔马赫解释学的现代之维》,《文学评论》2001年第6期。

【2000】

2000-2 论文《作为纯粹认识的审美》,《北京社会科学》2000年第2期。

2000-5 论文《身体作为同一的认识者和被认识者》,《中国人民大学学报》2000年第5期。

2000-10 论文《从超绝到经验——论叔本华哲学的经验主义趋向》,《哲学研究》2000年第10期。

【1999】

1999-Z 专著《意志与超越:叔本华美学思想研究》,中国社会科学出版社1999年版。

【1998】

1998-4 论文《叔本华的想象论及其可能的价值》,《文学评论》1998年第4期。

征引文献

【1997】

1997-2 论文《论叔本华的审美认识论》,《文艺研究》1997年第2期。

1997-3 论文《叔本华论疯癫与艺术创作》,《外国文学评论》1997年第3期。

【1995】

1995-10 论文《论叔本华的美学本体论》,《哲学研究》1995年第10期。

【1987】

1987-2-1 论文《形而上学的毁灭——维特根斯坦分析美学述评》,《外国文学评论》1987年第2期。

1987-2-2 论文《论马克思主义文艺批评的美学的观点》,《中国社会科学院研究生院学报》1987年第2期。

1987-4 论文《马克思主义文艺批评论纲》,《文学评论》1987年第4期。

【1986】

1986-1 论文《马克思主义文艺理论民族化异议》,《文学自由谈》1986年第1期。

编后记

东方欲晓。伴随着窗外不绝于耳的鸟儿鸣叫声，经过一个多月的阅读、摘录、分类、整理，《当代名家论语丛书》之《金惠敏论文化现象学》终于编录完成了。

2011年至2014年，我在中国社会科学院研究生院师从金惠敏先生攻读文艺学专业博士学位。我想，应该是出于对我这段求学经历的考虑，中国社会科学出版社将负责摘录、编选金惠敏先生"论语"这一光荣的任务交到了我的手上。事实上，我与金先生的缘分远不止于此。早在我于2004年至2007年在河南大学文艺学研究中心攻读文艺学专业硕士学位时，金惠敏先生就已经是河南大学"黄河学者计划"特聘教授和河南大学文艺学研究中心的导师组成员。那时，我不仅有幸聆听了金先生受邀为河南大学师生所作的"作为一个哲学概念的全球化"等一系列学术报告，而且系统地学习了金先生为我们讲授的"媒介理论"课程。正是在那些学术报告、系列讲座和

编后记

面授课堂上,我第一次接触到了"趋零距离""图像增殖""拟像""球域化"等概念。现在想来,自己当时是一知半解、糊里糊涂的,同时又是亢奋且激动的。金老师用极富激情且深入浅出的语言,带我进入一个完全新鲜的学术领域。2011年8月,我从郑州市人力资源与社会保障局辞职,如愿以偿考入中国社会科学院研究生院,得以再次师从金先生学习,这次我研习的方向正是"媒介美学与文化理论"。终于,我得以有机会对数年前从金老师那里获知的那些我一知半解的"高深"概念和命题一探究竟。由于之前将近四年的地方工作经历,我在同届同学们中年龄偏大,所以,在攻读博士学位期间,我特别珍视这次难得的学习机会:在大量阅读金先生为我量身定做的阅读书单中的著作的同时,为了尽早尽快进入这一于我而言相对陌生的研究领域,我把先生之前发表的文章(当然主要是媒介研究和文化理论方面的)一篇篇打印下来、装订好,一篇篇地研读、做笔记,不懂的地方及时查阅相关资料并向老师请教。这本"论文集"被我画得密密麻麻,今天依然是我从事"文艺媒介学"研究时不时翻阅的"参考书"。在此次编录"论语"过程中,这本不知被我翻阅过多少遍的"参考书",再次发挥了重要作用,为我在编录过程中节省了大量的时间。

实话说,当初受托接受"论语"编录工作,内心既有担心,也有兴奋。担心的是,自己能否胜任这一对导师"论语"

全面的、准确的分类和摘录工作,以较为完整地展示出金先生的学术思想全貌;兴奋的是,作为弟子,深感荣幸于自己能够受托承担这一编录自己导师"论语"的光荣任务。作为金先生的弟子,由于手头常备金先生出版的全部著作以及一直作为参考书翻阅的金老师"论文集",自认为对老师的学术思想是比较熟悉的。事实上,在编录过程中,再次系统地研读先生近30年来公开发表的每一篇文献、出版的每一部著作以及各类散见于报纸、丛书上的序言、主持人语等,我依然一再地被金先生那独到、精深且广博的学术思想所深深折服,许多一直以来没有想明白的困惑也得到了解答。果不其然,"温故而知新",对先生论著的每次阅读,都是一次新的学习过程,每次阅读都有新的收获。

金惠敏先生自 20 世纪 80 年代初就开始公开发表学术文章,截至 2021 年 5 月,已公开出版《差异即对话》《反形而上学与现代美学精神》《意志与超越》《后现代性与辩证解释学》《媒介的后果》《后儒学转向》《积极受众论(中文版、英文版)》《全球对话主义》《消费他者》《没有文学的文学理论》等十余部著作,在《中国社会科学》《哲学研究》《文艺研究》《文学评论》《外国文学评论》等国内重要期刊以及 *Telos*, *Theory, Culture & Society*, *Space & Culture*, *AM/Journal of Art & Media Studies*, *Journal of East-West Thought*, *Apoklypsa*,

编后记

Comparative Literature，*Cultural Politics* 等国际或区域主流刊物以中文、英文、德文等语种发表学术论文 180 余篇，翻译、主译《解释学·美学·实践哲学》《阅读行为》《史诗论》等学术著作多部，主编学术丛书十余套。需要特别说明的是，此次编录的"论语"，全部来自金惠敏先生公开发表、出版的中文论著，并未收录在国外出版、发表的著作和论文。

当然，即便所有的"论语"摘录均录自中文论著，也因为时间跨度大（从 1986 年到 2021 年，长达 35 年）、资料类型多（包括著作、论文、报刊文章、著作序、丛书序、期刊专栏主持人语等）、文献数量多（包含专著十余部，论文、报刊文章、书序、主持人语等 100 多篇）、领域范围广（既有叔本华美学、麦克卢汉研究、解释学专论、英国文化研究等专题研究，又有对全球对话主义、差异即对话、话语与日常生活、没有文学的文学理论等的专门论述）等缘故，在摘录上难免挂一漏万；加之在分类上可能过于主观——我自作主张地把此次编录的"论语"分为"全球对话主义""差异即对话""话语与日常生活""没有文学的文学理论""文化自信与关系自我""社会美学和媒介美学""美学麦克卢汉""现代性与后现代性""后儒学转向""解释学""英国文化研究""叔本华美学""论美及其他"等 13 个专题，因此，尽管在希望尽可能地做到客观、全面上做了许多主观上的努力，但依然可能没有通过"论语"而全面、准确地展现出金先生的学术思想全貌。当然，所有这些不足的方面，都是我的责任，非常乐意听取诸位同人的批评意见和建议。如果朋友们期待阅读金先生对某一摘录或专题的系统论述，可以"按图索骥"，根据摘录语段末括号中的标识，在书末"征引文献"中查找到详细出处。

在编录金先生"论语"的过程中，读着老师的美文、大作，时时闪现在眼前的，都是师从金先生读书期间先生对弟子的言传身教、谆谆教诲；时时涌现在脑海中的，都是先生待人之诚恳、和蔼，治学之认真、严谨，学识之精深、渊博。可以说，整个编录过程是快乐的、令人兴奋的且始终充满着温暖的回忆。遵嘱，需要写一个"编后记"，那么，就以这些拉拉杂杂的温暖回忆当作"编后记"吧，同时也算为朋友们阅读正文提供一些相关的背景。

李昕揆

2021 年 5 月 26 日于北京四季青常青园

当代名家论语丛书

《曹顺庆论中国话语》

《赵毅衡论意义的形式》

《金惠敏论文化现象学》

《李怡论诗与史》

《龚鹏程论中华文化》